多文化社会に生きる子どもの教育

外国人の子ども、海外で学ぶ子どもの現状と課題

佐藤郡衛

明石書店

はじめに

グローバル化の進行で国境を越えた人の動きが急速に進行し、多様な背景を持つ人が共に生活し、共に学ぶようになってから久しい。しかし、実際にはこの多文化共生が極めて難しいことだということもわかってきた。イギリスやフランスのテロ事件などを契機にして、ヨーロッパでは移民や難民の排斥運動が活発化している。アメリカでも「アメリカファースト」を標榜するトランプ大統領が移民の受け入れを制限する施策を打ち出した。多様な文化や言語を持つ人たちが生活を共にするということの難しさを露呈している。しかし、他方で、多様な現実を受け入れ、多様性を組み込んでいくという努力も多くの国・地域で行われている。移民や難民をどのように受け入れ、どのような社会をつくるかがまさに問われている。こうした新しい社会づくりにとって教育の果たす役割は大きい。多様性を受け入れ、そこから新しい共通の価値を創造することがこれからの教育の役割であり、そうした社会を創造できる人材を育成しなければならない。それは、これまでの自国民の育成に代わる新しい教育の姿である。

実際に、日本の学校には、外国人の子どもが多く就学するようになり、多国籍化・多民族化・多文化化が進行している。本書の中心テーマの一つは、外国人の子どもの実態と外国人の子どもの教育はどこまで進んでいるかを把握することである。外国人の子どもの受け入れが開始されてはや四半世紀がたつが、いまだその実態は正確に把握されていない。外国人の子どもの教育は、対症療法的で、なおかつ既存の枠組み内で対応することが多く、教育制度を変えるまでには至っていない。外国人の子どもの就学、学習、進路の保障を進めるためには、制度改革まで視野に入れなければならない。社会の多国籍化や多民族化により、これからどのような教育を構想するかが喫緊の課題になっている。

本書は、こうした課題をもとに、多文化社会に生きる子どもの教育について、その現状と課題を検討したものである。2010年に『異文化間教育』（明石書店）を上梓したが、本書はその続編でもある。私事にわたるが、2010年から東京学芸大学の理事・副学長を、その後、目白大学の学長を務めた。この間、国立大学法人では運営交付金の削減に伴う対応策、教育学部の外圧による改革案の検討、そして、私立大学では18歳人口の減少に伴う学生確保のための改革など、逆風のなかでどのように対応するかに追われていた。こうした仕事は、実際におきている問題を把握し、そこから解決可能な課題を見いだし、具体的なアクションプランを作成し、その課題解決に向けた実践を行うという「現場生成型研究」（8章参照）そのものであり、自分にとってはやりがいのあるものだった。また、長期の休みなどを利用し外国人の子どもの教育や海外で学ぶ子どもたちの教育に関する調査も継続し、国の政策立案にも関与してきた。この10年間に蓄積してきた成果をこれからの教育を構想する上で役立てたいという思いから本書の執筆に取りかかることにした。

本書は、学術書というよりも、政策立案者、教師などの実践者を意識して執筆した。もちろん、こうした教育に関心を持つ研究者、学生、さらに一般の方々にも手にとっていただければ幸いである。本書は八つの章から成る。1章は外国人の子どもを文化間移動とそれに伴う異文化適応という視点からとらえ直したものであり、本書の基本的な枠組みになるものである。2章、3章は、外国人の子どもを対象に、その実態とこれまでの教育施策を中心に考察したものである。特に3章は、私がこれまで国の施策に関与してきたこともあり、その施策を振り返りつつ、今後の政策立案ための課題について提言した。4章は学校の多文化共生の教育について、5章は外国人の子どもを中心にした人権教育についてその現状と課題を示した。この両者は密接に関連しているが、ここでは多文化共生の教育を広くとらえこれからの学校教育全体の課題として位置づけた。人権教育は、外国人の人権に焦点をあてて、人権を保障する実践の課題を示した。多文化共生の教育のなかに位置づけていくことで、人権教育が効果を発揮するためである。1章から5章までは私がこの10年間に関わってきた研究会や教師研修などで話をしてきたことをもとに書き下ろしたものである。

6章は近年、急速に多様化が進行し、その教育のあり方が問われている海外に住む日本人の子どもの教育を取り上げた。かつては海外勤務者の子どもを中心に、日本に帰国するための教育として構想されてきたが、子どもの多様化が進み、どのような教育を提供するかが難しくなっている。海外子女教育振興財団では、こうした子どもの実態を把握し、どのような教育を構想するかという調査研究のプロジェクトを立ち上げたが、そのプロジェクトの代表としてここ5年ほど調査研究に関わってきた。ここでは、その成果の一部を紹介しつつ、多様化する「日本人」の教育をどのように構想するかを考えてみた。

7章では、重要な政策課題になってきた国際バカロレアについて取り上げた。国際バカロレアはグローバルな教育ビジネスという側面を強く持つが、世界各国で注目され、日本でも導入されつつある。そのための問題点や課題について検討した。東京学芸大学に勤務していたときに附属国際中等教育学校の立ち上げに関わり、国際バカロレアの中等教育プログラムの導入を検討したことから、この国際バカロレアに関心を持つようになった。なお、この章は「泉井会2016秋の集い」での講演をもとにしたものであり、その内容は泉井会のホームページに掲載されているが、今回大幅に書き改めた。

最後の8章では、私の調査研究の基本的な視点になっている異文化間教育学の研究方法について取り上げた。異文化間教育学は1980年代に海外に住む日本人の子どもや海外から帰国した子どもの実態把握やその教育実践を支援するために成立したが、実践への関わりが当初から強く、ここでは実践の志向性を打ち出した研究のあり方について検討した。グローバル化のなかでいままでの国民教育に代わる新しい教育やその実践に向けた取り組みに研究がどのように関わっていくかを考えたいという思いからこの章を設けた。この章は、異文化間教育学会の紀要『異文化間教育』35号に執筆したものを本書のために大幅に書き改めたものである。

なお、各章とも参照した資料についてはURLを示した（2019年4月時点）。引用したデータは、ここで示したURLから最新のものが得られるものもあるのでぜひ活用してほしい。

また、引用した文献も比較的入手しやすいものを掲げた。

２０１８年は、日本の外国人政策にとり大きな転機になった。外国人の子どもの教育もまたいま大きな転機にあり、個人的には国として外国人の教育の基本方針を策定すべきだと考えている。この重要な時期にこれまでの取り組みを反省的に振り返り、多文化社会の教育を構想する一助になればと思い本書を執筆することとした。２０１８年から明治大学国際日本学部に勤務することになり、執筆のための時間がとれるようになった。赴任してすぐに本書の刊行を考えていたが、ようやく書き上げることができた。

本書の刊行にあたっても多くの方の協力を得た。これまで共に調査や研究を進めてきた方々、教育委員会や学校で話の機会を与えていただいた方々、調査に協力いただいた方々、さらに施策の立案で共に議論した行政の関係者や委員の方々などに感謝申し上げたい。

最後に本書の刊行を快諾いただいた明石書店の大江道雅社長に謝意をあらわしたい。

２０１９年６月

佐藤　郡衛

多文化社会に生きる子どもの教育●目次

第3章　外国人の子どもの教育はどこまで進んでいるか

第4章　多文化共生の教育

第5章　外国人の子どもと人権の教育

第6章　海外で学ぶ日本の子ども

第7章　グローバル人材育成と国際バカロレア

第8章　「現場生成型研究」の課題

第1章

文化間移動と教育

外国人の子どもたちはこれまで日本の学校への適応という面のみが強調され、常に弱者として支援の対象となってきた。外国人の子どもに日本の社会や学校への同化を強いるようなとらえ方を変えるには、文化間移動という視点から外国人の子どもをとらえ直す必要がある。ここでは、外国人の子どもの文化間移動とそれに伴う異文化適応について考えてみたい。

1．外国人の増加と教育

2018年は、外国人政策の大きな転機になった年である。「出入国管理及び難民認定法」が改正され、新しい在留資格として「特定技能1号」「特定技能2号」がつくられ、単純労働者の定住の道を開くことになった。これまで、日本で働くことができる在留資格は、日系人、日本人・日系人などの家族、留学生、技能実習生、研究者や経営者などの専門分野で働く人、特別永住者などであり、特に就労資格としては研究者や経営者などの専門分野で働く高度人材であった。「特定技能2号」という在留資格は、在留期限を廃止し、家族の帯同も認めることになり、外国人に広く門戸を開くことになったのである。

新しい在留資格の創設の背景には、日本の人口減少問題、特に15歳以上65歳未満の生産年齢人口が急激に減少することがある。国立社会保障・人口問題研究所の「日本の将来推計人口(平成29年推計)」(1)では、2050年には1億192・3万人と日本の人口が約2500万人減少し、生産年齢人口をみても2029年には7000万人を切り、いまより780万人減少す

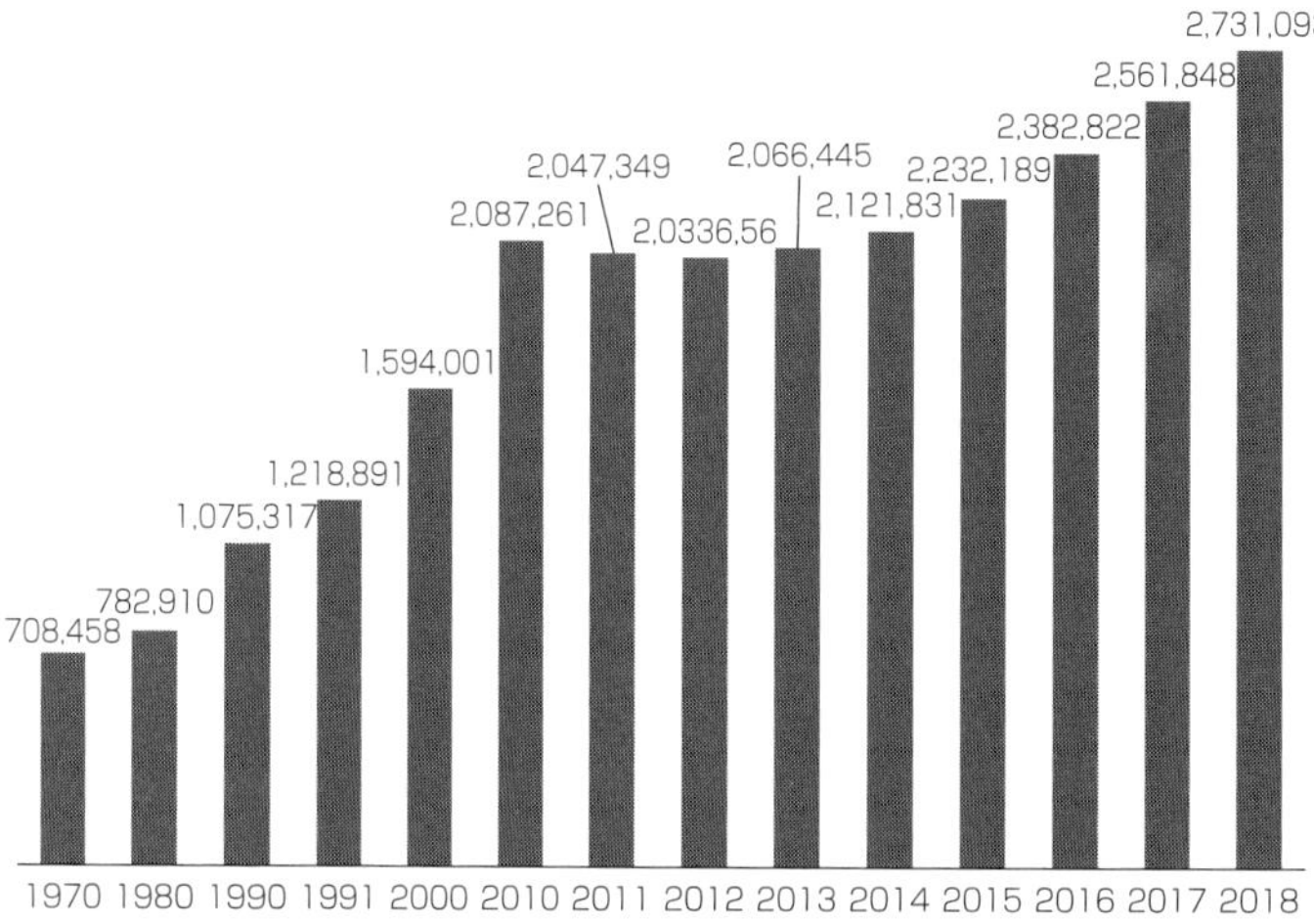

図1-1：在留外国人数

出典：法務省「在留外国人統計」（2011年までは「登録外国人統計」）

るといった予測がされている。実際に日本の農業や漁業、さらに工場で働く単純労働は外国人への依存率が高くなっている。

データからも外国人の増加は明確に読み取れる。図１－１は在留外国人数の推移を示したものである[2]。１９８０年には約78万人だったが、１９９０年には約１０７万人、２０００年には約１６０万人、２０１０年には約２０９万人、そして２０１８年には約２７３万人の外国人が住んでいる。リーマンショックや東日本大震災後、やや減少したものの、２０１３年から増加に転じ、その後一貫して増加している。この増加傾向がいつまで続くかは、日本の経済状況とも関連するが、日本の社会に確実に外国人が定着しつつある。

表1-1：在留外国人数（国籍別）

年	中国	韓国・朝鮮	韓国	ベトナム	フィリピン	ブラジル	ネパール	ペルー
1980	55,616	667,325	–	2,742	5,547	1,492	–	376
1990	150,339	687,940	–	6,233	49,092	56,429	–	10,279
1991	171,071	693,050	–	6,410	61,837	119,333	–	26,281
2000	335,575	635,269	–	16,908	144,871	254,394	–	46,171
2010	678,391	560,799	–	41,354	200,208	228,702	17,149	52,385
2011	668,644	542,182	–	44,444	203,294	209,265	20,103	51,471
2012	652,595	–	489,431	52,367	202,986	190,609	24,071	49,255
2013	649,078	–	481,249	72,256	209,183	181,317	31,537	48,598
2014	654,777	–	465,477	99,865	217,585	175,410	42,346	47,978
2015	665,847	–	462,864	146,956	229,595	173,437	54,775	47,800
2016	695,522	–	457,772	199,990	243,662	180,923	67,470	47,740
2017	730,890	–	450,663	262,405	260,553	191,362	80,038	47,972
2018	741,656	–	452,701	291,494	266,803	196,781	85,321	48,266

出典：法務省「在留外国人統計」（2011年までは「登録外国人統計」）

これを国籍別にみたのが表1－1である。1980年には、「韓国・朝鮮」が圧倒的に多く、全体の85％を占めていた。それが大きく変わるのが1990年の「出入国管理及び難民認定法」の改正であり、「定住者」の在留資格がつくられ、日系3世まで、原則就労可能な地位が与えられたことで、「ブラジル」と「ペルー」の人が増加した。1991年のデータをみると、1年間で「ブラジル」は倍増し、「ペルー」は2・5倍になっており、いかに急速に増加したかが読み取れる。その後、「中国」が2010年を境に最も多くなり、「韓国・朝鮮」を上回るようになり、今日までその傾向は続いている。最近の特徴としては、「ベトナム」「フィリピン」「ネパール」など、

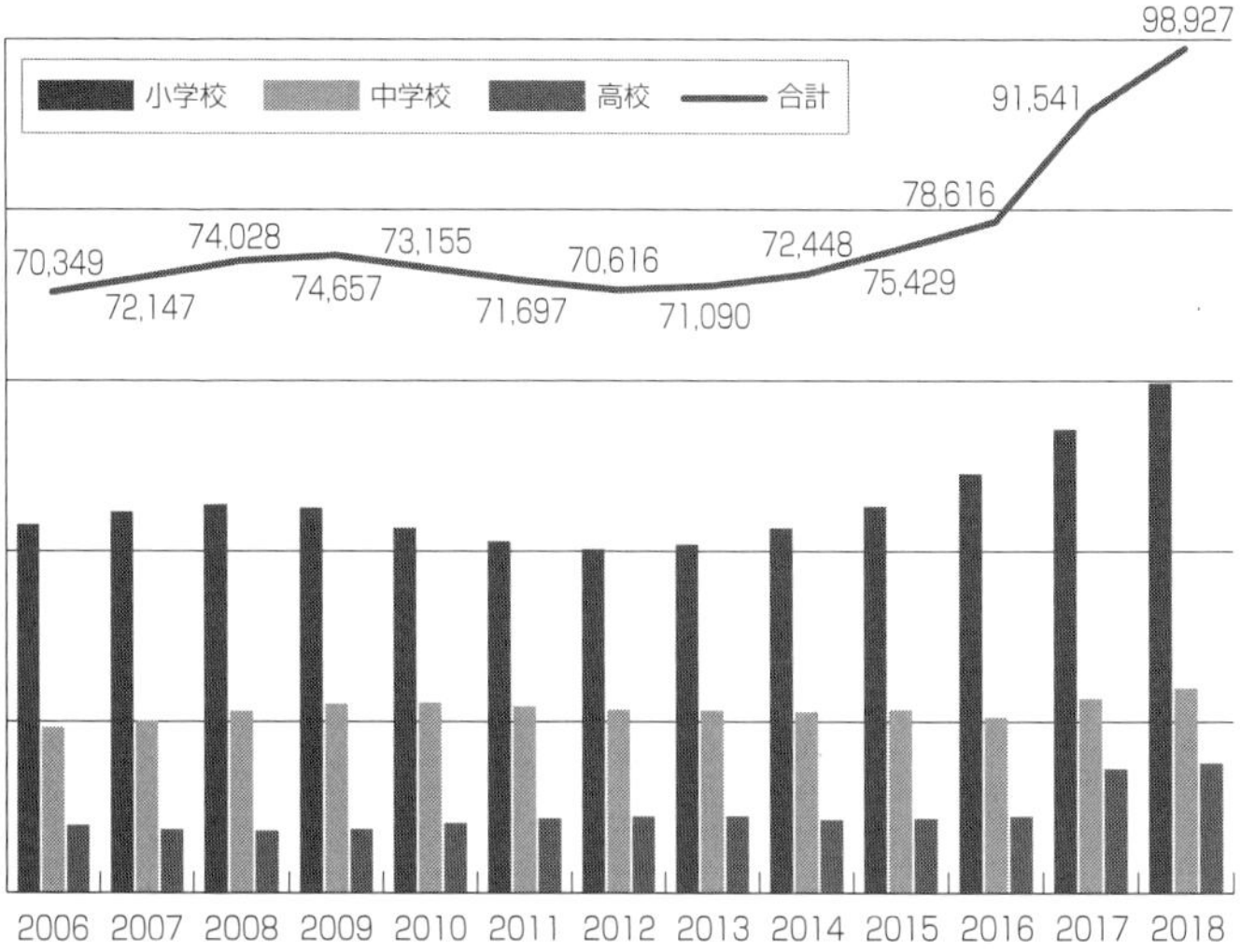

図1-2：公立学校に在籍している外国籍の児童生徒数

出典：文部科学省「学校基本調査」

アジアの国籍の人が急増している。２０１８年のデータでは、「中国」「韓国」「ベトナム」「フィリピン」「ブラジル」「ネパール」の順である。こうした外国人のなかには、日本に定住し日本社会の構成員になっていく人も少なくない。

　教育の世界に目を転じると、外国人の増加は、当然ながら帯同する子どもの増加を伴ってきた。図１－２は、日本の公立学校に在籍している児童生徒数の推移である。[3] ２０１５年まではほぼ横ばいだったが、２０１７年から増加に転じている。２０１８年度の学校基本調査では、外国人の子どもは、小学生が約６万人、中学生が約２万４０００人、高校生が約１万５０００人のあわせて約９万９０００人に達する。このなかには、「在日韓国・朝鮮籍の子ども」「中国籍の子ども」「ブラジル籍などの日系南米人の子ども」「フィリピン籍の子ども」などと、言語も文化的背景も非常に多様化している。また、この数字には現れないが、国際結婚家庭の子どももおり、いわゆる外国につながる子ども（重国籍か日本国籍でも両親のどちらかが外国人など）も多くなっており、日本の学校の多国籍化、多民族化は着実に進んでいる。

外国人の子どもの増加は、学校教育に大きな転換を迫ることになった。日本の教育は、これまで国民教育として「日本人」の育成を目指してきた。憲法にも「すべて国民は、法律の定めるところにより、その能力に応じて、ひとしく教育を受ける権利を有する」（第26条）というように、教育を受ける権利を「国民」と明確に規定しており、外国人の子どもたちは国民教育という枠から除外されてきた。外国人が日本で教育を受ける権利は、「経済的、社会的及び文化的権利に関する国際規約（A規約）」と「児童の権利に関する条約」の国際法が根拠となって、日本の学校でも外国人の子どもを受け入れるようになった。しかし、外国人が教育を受けることは権利よりも「恩恵」という意味合いが濃く、制度的な対応はなされていない。

このように外国人の子どもの増加と滞在の長期化、さらに定住傾向は、これまでの教育の枠組みの再考を促すことになった。外国人を日本社会で生きていく「市民」として位置づけ、その教育を構想していくことが必要になっている。そのためには、外国人の子どもを日本の教育の枠から排除したり、マイノリティとして位置づけたりするだけでなく、外国人の子どもの見方やとらえ方を変えていかなければならない。そこで、外国人の子どもを文化間移動という視点から位置づけ直し、その上で新しい教育のあり方を考えてみたい。

2. 文化間移動をとらえ直す

外国人の子どもたちが母国から日本に来たり、日本から母国に戻ったりすることを、一般に文化間移動と呼ぶ。文化間移動では、言葉の違いだけでなく、考え方や行動の仕方の基準が大きく異なる場合がほとんどである。しかも、外国人の子どもは、家族内では母語を話し母国の文化に触れることが多いが、日本の学校では当然日本の文化的環境に置かれ、日本語が中心である。最近は、日本生まれ日本育ちのいわゆる「二世」といわれる子どもたちが出てきたが、家族内では両親の第一言語である言葉を使い、両親の持つ文化が優越しているため、日本の学校の文化的環境とは異なることが多い。

これまで、この文化間移動を母国から移動した国や地域へというように固定的にとらえることが多く、そのことが子どもたちの教育を構想する上で大きく影響していた。つまり、移動先での適応のみが優先され、母国での生活体験や教育体験が考慮されることがなかった。こうした文化間移動のとらえ方を変える必要がある。具体的には第一に文化間移動を一方向的でなく、動態的、かつ多元的にとらえるということである。日本では「外国にルーツを持つ子ども」といった表現をすることがあるが、「ルーツ」を強調するだけでなく、その人がそれまで辿ってきた「ルート」に注目するということである。スチュアート・ホールの考えをもとに、渋谷は

「どこから来たのか（ルーツ）を問うのではなく、どのようにして今に至っているのか（ルート）」に注目することの重要性を指摘している[4]。また、額賀は「居場所」という概念をもとに同様の指摘をしている。「子どもたちをどのように日本社会に適応させていくか、という理論的視野からは、かれらの母国社会とのつながりや、母国社会における居場所に関する考察は看過されがちである」と述べている。そして、「居場所といった概念を本質主義的、固定的に理解するのではなく、トランスナショナルなルートの中で動態的、複数的に見いだす視点」が必要だという[5]。このことは、国や社会の枠を固定せずに、文化間移動者が辿ってきた「ルート」に注目し、その関係性をみていくことで、文化間移動がよりよく把握できるということである。つまり、文化間移動をある文化から他の文化への一方向的な移動としてではなく、その人のルートに注目し多様な関係やネットワークを双方向からとらえていくということである。

第二に文化間移動を、移動の一断面で切り取るのではなく、連続したものとしてとらえるということである。例えば、外国人の子どもの場合、日本の学校で日本語を習得し学校に適応することと、高校に入学することなど短期的な視点を重視することが多い。しかし、外国人生徒の高校中退率は高く、卒業後の非正規雇用への就業率も高い。中長期的に連続してとらえるということは、子どもたち自身が将来への道筋を描くことができるようにすることである。ただ、外国人の子どもが自ら主体的に将来を切り拓くことは現実には困難を伴う。ナンシー・アーサーは、キャリア発達にとり、文化的な文脈と社会正義が重要だと指摘している。「キャリアや職業の意味、人がキャリアの問題をどう定義づけるか」は、文化によって規定される。そこで、「社会正義」という概念が必要になるという。社会正義とは、「資源や機会の公平な配分」「社会やコミュニティの中で周辺に追いやられた人たちへの直接的な支援行動や社会的包摂」というように広く定義されている(6)。外国人の子どもがキャリアを形成したり、職業を選択したりするときには、この社会正義が重要になる。目先の入試や採用面接で通るようなその場しのぎの支援ではキャリア支援にならないし、その先の社会正義の実現にも至らないという。外国人の子どもの将来を見通し、しかも社会正義という視点から子どもの発達を支えていくということであり、発達上の「公正さ」をどう保障していくかということである。

第三に文化間移動を個人レベルだけでなく、集団レベルでとらえていくということである。文化間移動を社会でどのようにとらえるか、その社会にどの程度多文化的な状況がつくられているか、構成員のなかにどの程度多文化的な意識があるかなどの要因を考慮するということである。最近の研究では、「特権」ということが注目されている。「特権」とは、出口によれば「ある社会集団に属することで労なくして得られる優位性・権力」と定義される。そのことで、社会における優位性に気づかず無自覚のまま、外国人に手をさしのべるということが繰り返されるが、これは抑圧と表裏一体のものである。特権集団の特徴としては、「文化的・制度的支配（マスメディア、法律、教育、政治など）」があげられ、特権集団の個人の特徴には、「特権があるという認識の欠如、社会的抑圧の否定・回避、優越感と権利意識、自分に特権があるという認識に抵抗を示す」などがあるという(7)。このことは文化間移動を個人のレベルにとどめずに、受け入れ側の問題として政治的な交渉や力の関係のなかでとらえることの重要性を示唆している。

3. 文化間移動と異文化適応

文化間移動は異文化への適応を伴う。文化間移動に伴う異文化適応をとらえる枠組みとしてはベリーのモデルが使われてきた。ベリーは、個人の異文化適応について次のように説明している。

つまり、移動した先の新しい文化に接触することにより、母文化の正当性を確信できなくなる。それまでの基準や価値観の修正を迫られ、そのことで葛藤や混乱を経験する。その後二つの文化を自分なりに調整する過程を辿るが、それは「接触」「葛藤」「危機」「適応」という段階を辿る。最終段階の「適応」は、「文化変容」の結果としてとらえられ、「文化的アイデンティティや文化的特性を維持したいかどうか」と「受け入れ側との関係を持ちたいかどうか」の二つの基準の組み合わせにより4タイプに類型化される。第一のタイプは文化的アイデンティティを維持し、受け入れ側との関係がうまくいっている「統合」、第二のタイプは文化的アイデンティティが保てないまま、受け入れ側との関係をつくっている「同化」、第三のタイプは文化的アイデンティティを保っているが、受け入れ側で関係をつくれない「離脱」、そして第四のタイプは文化的アイデンティティが保てず、しかも受け入れ側でも関係をつくれない「境界化」である。ただ、それぞれが明確に分けられるものではなく、しかも完全なる「同化」や「離脱」という状態はあり得ないという。(8)

　このベリーのモデルは、個人の異文化適応のプロセスを追うには有効であり、しかもその過程ではアイデンティティと受け入れ側の社会関係が重要なことを示したものである。しかし、異文化適応を説明するには、そこに社会的な要因が影響することはいうまでもない。ベリーはその後、文化変容に影響する社会的な要因として、移住する動機、受け入れ側の社会が移民に対してどのくらい寛容か、受け入れ側の社会が偏見を持たずに文化的多様性をどの程度許容するかなどをあげている。また、個人的な要因としても、安定感（well-being）の感覚や自尊心などの心理的な要因と対人関係能力や日常生活の遂行能力などが影響することを指摘している。[9]ベリーの研究から、異文化適応をとらえるには、文化的なアイデンティティと社会関係のあり方、そして移住の動機や受け入れ側の多様性への寛容の度合い、さらには個人の心理的要因や対人関係能力、生活遂行能力など、多様な要因を把握する必要があることが示されている。こうした成果をもとに、子どもの異文化適応について考えてみよう。

　子どもの異文化適応は第一に、子どもの自由意志ではなく、親の都合によって移動を余儀なくされたということを考慮する必要がある。ベリーが指摘するように、移住動機がその後の異文化適応に影響するが、子どもの場合、大人の異文化適応と異なり、移動を自分なりに受けとめ、日本に来たことを納得するまでに相当の時間がかかり、大人以上に葛藤を伴うものである。しかも、母国で築きあげた友人関係などが根こそぎ揺らぎ、新たな関係をつくりあげていかなければならない。しかし、子どもたちはひたすら日本の環境に適応するだけでなく、環境への働きかけも行う。この働きかけは「戦略」や「戦術」といった言葉で表現される。子どもたちは、「戦略」「戦術」を使いながら、自らの環境をつくりかえたり、自分が所属する集団内での優位性を確保したり、さらには自らの立ち位置を探ったりしているのである。例えば、持ち込み禁止の所持品をわざわざ持ってきたり、学校のきまりに対して抵抗したりして、自分の存在を示すこともある。こうした「戦略」や「戦術」は、異文化への適応では重要であり、どのように学校に適応しようとしているかをこうした視点から把握していく必要がある。

第二は子どもの異文化適応を発達的な視点からとらえていくことである。例えば、異文化体験による不適応をマイナスにとらえるのではなく、子どもの成長発達のステップとしてとらえるということである。日本の小学校に日本語は全く話せずに4月に入ってきた外国人の子ども(5年生)の例である。4月中は授業中、多動で歩き回ることが多く、座って勉強することができなかったり、友だちにも「ちょっかい」を出しトラブルがたえなかったりした。先生たちは日本語の問題だけでなく、発達上の障害があるのではないかと話し合うようになる。しかし、2学期になると子どもの様子が徐々に変わっていった。1学期の終わりに学生のボランティア団体に夏休み中の学習支援を依頼し、2学期もその団体の支援を週2回1時間ずつ受けた。そこでは、勉強を教えてもらうというよりも、学習習慣をつけたり、勉強に興味・関心を高めたりすることが中心だった。また、2学期から、地域の学童保育所に入所し、基本的な生活習慣を身につけ、集団生活にも徐々に適応するようになっていった。この例は、対人関係能力や生活遂行能力を徐々に獲得していったことを示しており、子どもの異文化適応を短期的な視点ではなく発達的にとらえていくことの重要性を示している。

第三は子どもの異文化適応は親や家族によって大きく規定されるという点である。子どもに何か困難が生じたときに、家族でサポートする体制がとられているか、長期的な視点で生活設計を行っているかなどが異文化適応に大きく影響する。しかし、外国人の家族は、移動に伴い家族の役割やその構造が不安定になるために子どもをサポートする体制ができずに、長期的な生活設計を持てないことが多い。

家族は子どもの異文化適応の規定要因であると同時に、逆に子どもの異文化適応によって影響を受けるという側面もある。子どもの適応状況により家族の生活設計や子どもの教育についての見通しが変わるといったことである。志水らは、「家族の物語」と「戦略」に注目し、文化間移動を主観的に意味づけ、「家族の〝物語〟」がつくられ、この物語がかれらの直面する「状況」を「定義」する上で大きな意味を持つと指摘している。[10] こうした「〝物語＝状況の定義〟」は常に修正を繰り返し、日本に適応しようとしている。１９９０年代に日本に来た外国人の場合、子どもの成長や将来を考えて日本に定住することを決めたという例も多くみられる。

第四は、子どもの異文化適応を集団や環境との相互作用としてとらえる必要があるという点である。異文化適応は、子どもの個人的な性格や特性に関連づけて論じるのではなく、学校の受け入れ体制、周囲の対人関係、地域の支援体制などとの関わりで問題にしなければならない。カミンズは、社会的に弱い立場にある「マイノリティの子どもたち」は、何も支援がない場合は、学校でも弱い立場に置かれるため、「教育的介入（母語使用の奨励、親への支援、交流・実体験、批判分析型の指導、そして子どもの側に教師が立つことなど）」が必要であると指摘している。[11]

こうした教育を「エンパワーメント」教育と呼び、学校や教師が「力を共に創り出す」必要があると主張している。このように、子どもの異文化適応を、日本の学校的規準をもとにしてその子どもがどの程度適応しているかといった見方ではなく、その子どもの置かれた環境や状況との関わりを重視し、「教育的介入」を含めて議論していく必要がある。その際、子どもを取り巻く環境の整備とともに、子ども自身が環境に主体的に働きかけて環境をつくりかえるという面にも注目することが重要である。教育は、このように意図的に異文化適応を促す環境をつくりだすという役割を持っている。

4．異文化適応とアイデンティティ

異文化適応ではアイデンティティに注目する。アイデンティティとは、簡潔に表現すれば「他の人と比較して自分の自分らしさ」を見いだしていくことである。性別、職業、身体的特徴などの個人的な次元から、自分が所属する国家、民族など社会的な関わりのなかでの自分らしさを示す次元まで多様な側面を含んでいる。また、アイデンティティは固定したものではなく、多層的で状況によっては流動的なものとなる。自分らしさは、自らが規定するよりも、他者が強要したり、マジョリティ側が定義づけたりするものでもある。

文化間移動では、特に母国や民族などへの帰属意識が問題になることが多い。国家、民族といった集団への帰属意識、所属意識に混乱や葛藤が生じたときにアイデンティティとの関連が問われることになる。例えば、日本国内で成長・発達した人にとっては、自分が「日本人」であることをほとんど意識することはないが、他の国や違う文化圏に行ったときに、「日本人」であることが、他者との関係のなかで強く意識させられるようになる。そのときに、周囲が日本や日本人であることをどのようにとらえるかでアイデンティティのあり様が違ってくる。日本や日本人であることが否定的にとらえられれば、自分自身が否定されたようになる。これは、国や民族が自分らしさの一部となっているためである。このように、国や民族への帰属意識、所属意識が個人の人格形成にまで影響を及ぼすようになったときに、アイデンティティの問題として浮かびあがってくる。

ベリーの異文化適応モデルでは、このアイデンティティが重要な軸になっているが、子どもの異文化適応では、そのアイデンティティをいかに支えるかが課題になる。外国人の子どもの場合、文化間の権力関係もあり、周囲から母国や母文化を否定的にとらえられることが多い。これまでも、外国人の子どものアイデンティティを支えることの重要性は指摘されてきたが、理念的で抽象度が高く、どのように支えるかの具体性に欠けていた。学齢期の子どものアイデンティティを支えるには、学習面での成功体験が鍵になるということである。カミンズは、アイデンティティを支えるための学習のあり方を「変革的マルチリテラシーズ教育」として提唱している。これは、外国人の子どもたちの多様な言語や文化を積極的に学校教育のなかで活かす教育のことであり、学習においても子どもの主体的な参加を促すことである。学習の具体の目標を決めて、その目標をどのように達成するかを自分で確認しながら学習を進めていけるようにすることであり、こうした取り組みを「アイデンティティの交渉」と呼んでいる。かれの主張は明快であり「少数派の児童・生徒の学業不振の中核にある問題が社会的力関係」であり、「自分たちの文化が学校内でもまた世間一般でも常に低く見られている」という。そこで「低学力を逆方向に転換するためには、教師は個人としてもまたは教師集団としても、マイノリティグループあるいは被支配者グループの児童・生徒を統括する教室の中のインターアクションを通して、不平等で抑圧的な力関係に挑戦しなければならない」というものである[12]。

こうしたことを進めるには、言語観を再考する必要もある。このことを考える上で示唆的なのが、欧州評議会（Council of Europe）が作成したＣＥＦＲ（Common European Framework of Reference for Languages: Learning, teaching, assessment）の複言語主義である。複言語主義とは、「複数の言語が相互に関連し合って補完的に存在しているという考え方」で、「複数の言語がそれぞれ独立して存在しているという多言語主義」とは違うとされる。つまり、言語は「その言語が存在している文化体験と対」になっており、「そこから得た言語知識、文化体験は、個人の中でバラバラに存在するのではなく、相互に関係を築き作用し合いながら存在し、活動の際には補完的な役割を果たす」という考えであり、そうした能力を「複言語能力」と呼んでいる[13]。このことは母語と関連づけて第二言語の習得を図るものであり、こうした視点から外国人の子どもの教育を構想することが必要なことを示している。

外国人の子どもの持つ文化を肯定的に意味づけるには、異文化適応の過程に積極的に教師が介入し、子どもの「アイデンティティの交渉」が可能な環境をつくりだすことが課題になる。

外国人の子どもたちの生育歴や学習歴、さらには母文化との接合を図り、母語や母文化の評価を変えていく実践が必要になる。例えば、学校や教室の掲示物に子どもたちの母語を使ったり、母語で作文を書かせたりといった取り組みであり、そのことで子どもたちも受け入れられていることを実感できるようにしていくことである。外国人の子どもたちは多様な文化的・言語的背景や生活背景を持っているが、そうした過去と現在が教育上も生活上もつながっていない。子どもたちの母文化、母国での学習歴などが日本の教育や生活において考慮されないのである。子どもたちは、いうまでもなくそれまでの生活経験や学習経験があっていまがある。それまでの生活経験や学習経験が考慮されなかったり、あるいはそれらを否定されたりすることで子どものアイデンティティをめぐる葛藤が続くことになる。この関係を組みかえるために子どもの「アイデンティティの交渉」に介入することが教育上必要になる。つまり、異文化適応を支えるには、子どもの母語を活かしつつ、かつ母文化を尊重し、子どもが自分を肯定的にとらえられるように活躍の場面を日常的につくっていくといった取り組みが求められる。

5. 学校と異文化適応

外国人の子どもは、母国と日本との学校の違いに戸惑いをみせる。特に、「掃除」「給食」「上履き」「体育着」などの学校での生活習慣の違いは、外国人の子どもが日本の学校で最初に直面する適応の課題である。さらに、学校生活を送るためには、集団の規範やルールがあり、それらを習得していかなければならない。こうした違いを理解せずに、日本の規範やルールを固定し、子どもに適応を迫ることは同化につながる。異文化適応を促すには、日本の学校のルールや規範を当たり前のことと思わずに相対化する必要がある。その際、キーになるのが「隠れたカリキュラム」であり、それに着目し組みかえていくことである。

「隠れたカリキュラム」には、子ども同士の人間関係、教科の学習内容に反映される文化的な要素、そして教師と子どもとの関係といった側面がある。特に、学校生活のなかで学校や学級の仲間うちでどう振る舞ったらいいかが重要になる。中学や高校になれば友人との関係の取り方の違いがトラブルを引き起こすことがある。ブラジル人の女子中学生は友人関係について次のように語っている。(14)

楽しみで胸をいっぱいにして公立の中学校に入学しました。最初の2週間ぐらいは言葉がわからなくてもお互いに新鮮で、わくわくしていました。しかし、その後は仲間はずれのいじめが続き、悩みの日々が始まりました。……理由がわかりませんでした。……ブラジルは、学校で男女がとても仲がいいです。私はそのような環境で生まれ、13年間そこで生きてきました。私は話しやすかった男子と仲良くしていたため、女子から誤解されてしまったのです。

「理由がわかりませんでした」という言葉にあらわれているように、自分が内面化してきた対人関係の取り方が日本と違うことが理解できないままに行動したことで学校でのいじめにつながった事例である。異文化適応には、「戦略」「戦術」という側面があることを指摘したが、外国人の子どものなかには、日本の友人関係の取り方とは全く違うように振る舞う生徒も出てくる。先のブラジルの子どもの例とは逆に、男女の関係をオープンにし自分たちの方が「大人」であることを示し、自分の優位性を保つような場合もある。これもまた異文化適応の一側面である。いずれにしても、子ども同士の関係のあり方は、異文化適応に大きな影響を及ぼすことになる。

学校では子ども同士の関係を協同的なものへとつくりかえることが課題になるが、この協同的な関係を学校でつくることはなかなか容易ではない。清水らは、「外国人生徒が日本人生徒と新たな関係を築ける」ようにするために、まずは「外国人生徒が共通の足場を構築できるような場を保障」した上で、外国人生徒が「固有の経験を語ることのできる場を保障する」というように、段階的な関係づくりが必要なことを指摘している⑮。学校において、子ども同士の関係をそのままにするのではなく、その関係性を変えるような取り組みを日常的に行っていくことが、子どもの異文化適応を支えることになる。

「隠れたカリキュラム」では、教科の学習をとおして間接的に学習するという面も考えていかなければならない。例えば、国語の学習をとおして人との接し方や関わり方を学んだり、家庭科をとおして「望ましい家族像」を学んだりすることなどである。教科の学習内容には、当然、日本的な価値や考え方が反映しており、日本での生活体験がないと理解できないことも多い。外国人の子どもが授業についていけないのは、日本語ができないことだけでなく、教科のなかに埋め込まれた価値や考え方とのギャップがあるためである。

このように、教科に隠されたメッセージや内容に埋め込まれた文化的な価値、さらには授業の基本的な流れや学習スタイルが外国人の子どもの学習を大きく規定しているのである。学校や教師が外国人の子どもの母文化に配慮した教材の組みかえや新たな教材の開発、さらには学習スタイルを転換することで、外国人の子どもの学習を促進させることができ、それが結果として異文化適応につながる。

また、学校での子どもの異文化適応を促進するには、教師の子どものとらえ方・見方を変える必要がある。子どもたちは、教師の言動から潜在的なメッセージを読み取り、どのような発言や行動をとればいいかを学びとっていく。外国人の子どもたちは、そうしたメッセージを読み取ることができず、全く的外れな行動をとることが少なくない。外国人の子どもに接している教師から、「意欲がない」「基本的なしつけができていない」といった声を聞くことがあるが、こうした否定的な評価が子どもたちの異文化適応を遅らせることにつながる。外国人の子どもたちの行動面だけをとらえて子どもを判断するのではなく、なぜそうした行動をしたかというその背景を理解することが不可欠である。そのためには教師の異文化理解や寛容性などの異文化間能力が求められる。

子どもの学校での異文化適応は、保護者や家庭の影響が大きいことはすでに指摘したが、なかでも保護者が日本の学校についての情報がないこと、あるいはその情報にアクセスする方法がわからないことが多く、このことが異文化適応を阻害する要因になっている。学校からのお知らせや情報について、日本の保護者と同じような文書で伝えたのでは外国人の保護者は理解できない。通常使う日本語よりも簡単で、外国人にもわかりやすい日本語を「やさしい日本語」というようになってきた。「やさしい日本語」に正解はなく、相手によって伝え方を工夫することである。自治体では「やさしい日本語」で保護者に必要な情報を提供しているところも出てきている。例えば、京都市では『わかりやすく伝えるため』という手引きを２０１８年３月に発行し、京都市教育委員会でも『日本語を母語としない保護者のための小学校生活スタートガイド』を２０１９年に発行している。(16) 子どもの異文化適応を支えるにはこうした取り組みが必要である。

6. 地域と異文化適応

子どもの異文化適応では、子どもの生活全体を視野に入れる必要がある。特に、外国人の子どもの場合、家族が子どもの異文化適応の支えにならないことが多い。宮島は、「適切な相互作用や援助の行われるべき場としての家族の存立の困難さ」を指摘し、その要因として、親の日本語能力の不十分さ、同国人同士の集住からくる日本人との接触の少なさ（学校制度への知識、情報の不十分さ）、長時間労働などをあげている。(17) 子ども自身の声からも家族の実状が読み取れる。例えば、２歳でラオスから来日した子どもは、家族について次のように語っている。(18)

中学生になると高校受験で悩みました。日本人の家庭なら両親が色々と高校のことや受験のシステムなどを知っていて、おせっかいなほど面倒をみてくれるでしょう。しかし、私の両親はまったくそういうことを知らなかったので、ただ応援してもらうだけで頼りにすることができませんでした。

家族が子どもを直接支援できないのであれば、その代わりに地域で子どもを支援するシステムをつくりあげることも検討すべきであり、実際に地域の日本語教室などがその代替機能を担っていることもある。しかも、そうした地域での活動が子どもの異文化適応を促している例も報告されている。例えば、9歳でインドシナ難民として日本に来た生徒は、地域の日本語教室が自分の居場所になったと語っている。(19)

ある時、近くにボランティア教室があることを知りました。毎週土曜日に外国の子どもたちに勉強を教えていました。僕はそこですばらしい先生に出会いました。僕を外国人の生徒としてではなく、一人の人間として見てくれました。僕はカンボジア人ですが、タイで生まれ、カンボジアをまったく知らないで日本に来ました。先生はそのことを知って、カンボジアについて、戦争のこと、今のカンボジアのことなどいろいろ教えてくれました。……僕は自分の居場所を見つけたと思いました。先生の心の中に、そして先生が教えてくれたことに、そこが自分の居場所だと思いました。目的、目標を持って、自分に自信が持てるようになったのは先生のおかげです。

これは、地域の日本語教室に通い、そこで先生との出会いと支援が異文化適応につながり、そのことで学力の向上につながった例であり、地域の日本語教室が子どもにとって大きな意味を持ったことを示している。

外国人の家族は文化間移動に伴い、さまざまな問題を抱えることが多いが、それが子どもの異文化適応にプラスに働かないことがある。カンボジア出身のこの生徒の事例のように、問題を家族内にとどめず地域での支援にその解決や対応を求めていくことで、子どもの異文化適応は促進される。しかも、子どもたちが地域で活用できる資源が多くなれば、それだけ子どもの異文化適応も促進されることになる。その意味では、地域において外国人を受け入れる意識や体制がどの程度あるか、実際に利用できる教育資源とそれを活用できる支援のシステムが構築されているかが子どもの異文化適応に大きく影響する。このように子どもの異文化適応は、各個人の置かれた社会的な文脈によって規定される。そのため、子どもたちの日常的な生活の場である地域が、文化的な多様性を許容し、子どもたちを支援する体制があるかどうかが重要であり、それが多文化共生の地域づくりにもつながっていく。

注

（1）国立社会保障・人口問題研究所『日本の将来推計人口（平成29年推計）』、詳細は下記を参照。http://www.ipss.go.jp/pp-zenkoku/j/zenkoku2017/pp29_gaiyou.pdf

（2）法務省「在留外国人統計」（旧登録外国人統計）、詳細は下記を参照。http://www.moj.go.jp/housei/toukei/toukei_ichiran_touroku.html

（3）文部科学省「学校基本調査」、詳細は下記を参照。https://www.e-stat.go.jp/stat-search/files?page=1&toukei=00400001&tstat=000001011528

（4）渋谷真樹（２０１３）「ルーツからルートへ」異文化間教育学会編『異文化間教育』37号、異文化間教育学会、1～14頁

（5）額賀美紗子（２０１４）「越境する若者と複数の『居場所』」異文化間教育学会編『異文化間教育』40号、異文化間教育学会、1～15頁

（6）独立行政法人労働政策研究・研修機構（２０１６）『キャリア形成支援の国際的な理論動向の紹介――ＩＡＥＶＧ国際キャリア教育学会日本大会基調講演及びアジアシンポジウムより』、5～27頁

（7）出口真紀子（２０１７）「差別に対する無関心を関心に変えるためのマジョリティに向けた教育」『国際人権ひろば』№１３３、下記を参照。https://www.hurights.or.jp/archives/newsletter/section4/2017/05/post-11.html

（8）Berry, J.W., Kim, U., Power, S., Young, M., & Bujaki, M. (1989). Acculturation attitudes in plural societies. *Applied Psychology/An International Review*, 38. pp.185-206

（9）Berry, J.W. (2005). Acculturation: Living successfully in two cultures. *International Journal of Intercultural Relations*, 29. pp.697-712

（10）志水宏吉・清水睦美編著（２００１）『ニューカマーと教育』明石書店、２５８～２９８頁

（11）ジム・カミンズ（中島和子訳）（２０１１）『言語マイノリティを支える教育』慶應義塾大学出版会、35～

38頁
(12) ジム・カミンズ、前掲書、118~134頁
(13) 奥村三菜子・櫻井直子・鈴木裕子編(2016)『日本語教師ためのCEFR』くろしお出版、12頁
(14) 外国にルーツをもつ子どもたちの将来を考える会編(2008)『将来へ続く道』、14~15頁
(15) 清水睦美・児島明編著(2006)『外国人生徒のためのカリキュラム』嵯峨野書院
(16) 京都市(2018)『わかりやすく伝えるための手引き』、詳細は下記を参照。https://www.city.kyoto.lg.jp/hokenfukushi/page/0000235459.html
(17) 宮島喬(2002)「就学とその挫折における文化資本と動機づけの問題」宮島喬・加納弘勝編『変容する日本社会と文化』東京大学出版会、135~137頁
(18) 外国にルーツをもつ子どもたちの将来を考える会編、前掲書、43頁
(19) 外国にルーツをもつ子どもたちの将来を考える会編、前掲書、43頁

第2章

外国人の子どもの増加と多国籍化の歩み

ここでは外国人の子どもの実態について１９７０年代以降の動きを追いながら統計データをもとにみていく。外国人の子どもの実態は国の統計でも十分にとらえられていない。これは、国の統計データが原則「国民」中心であり、そこから外国人がはずれるためである。また、「外国人児童生徒」は、国籍が外国の子どもを指すが、現実には国籍だけではとらえられないほど多様化が進んでいる。こうした点に留意しつつ、外国人の子どもの実態の一端を探っていく。

1. 多文化へのプロローグ

１９７０年代に入ると、日本の学校に日本語がわからない子どもが入るようになり、学校は新しい教育課題を抱えるようになった。１９７２年に日本と中国が国交を回復し、「中国残留孤児」といわれる人たちの帰国が始まり、その二世や三世が日本の学校に就学するようになった。こうした子どもたちは、日本語ができなかったり、日本の学校への適応が難しかったりと、これまで日本の学校や教師が遭遇したことのない子どもたちだった。中国帰国者の二世三世で、日本の学校に就学している子どもを「中国帰国児童生徒」と呼んだ。図２－１に示すように、１９８０年には小学生１３１人、中学生78人、高校生21人の計２３０人に達し、１９８９年にやや増加するものの数としては多くなかった[1]。

中国帰国者の子どもたちは、「日本人」として日本の学校への適応が強調された。中国帰国者自身の声から日本の社会や学校への適応がいかに重要だったかが読み取れる。中国帰国者の

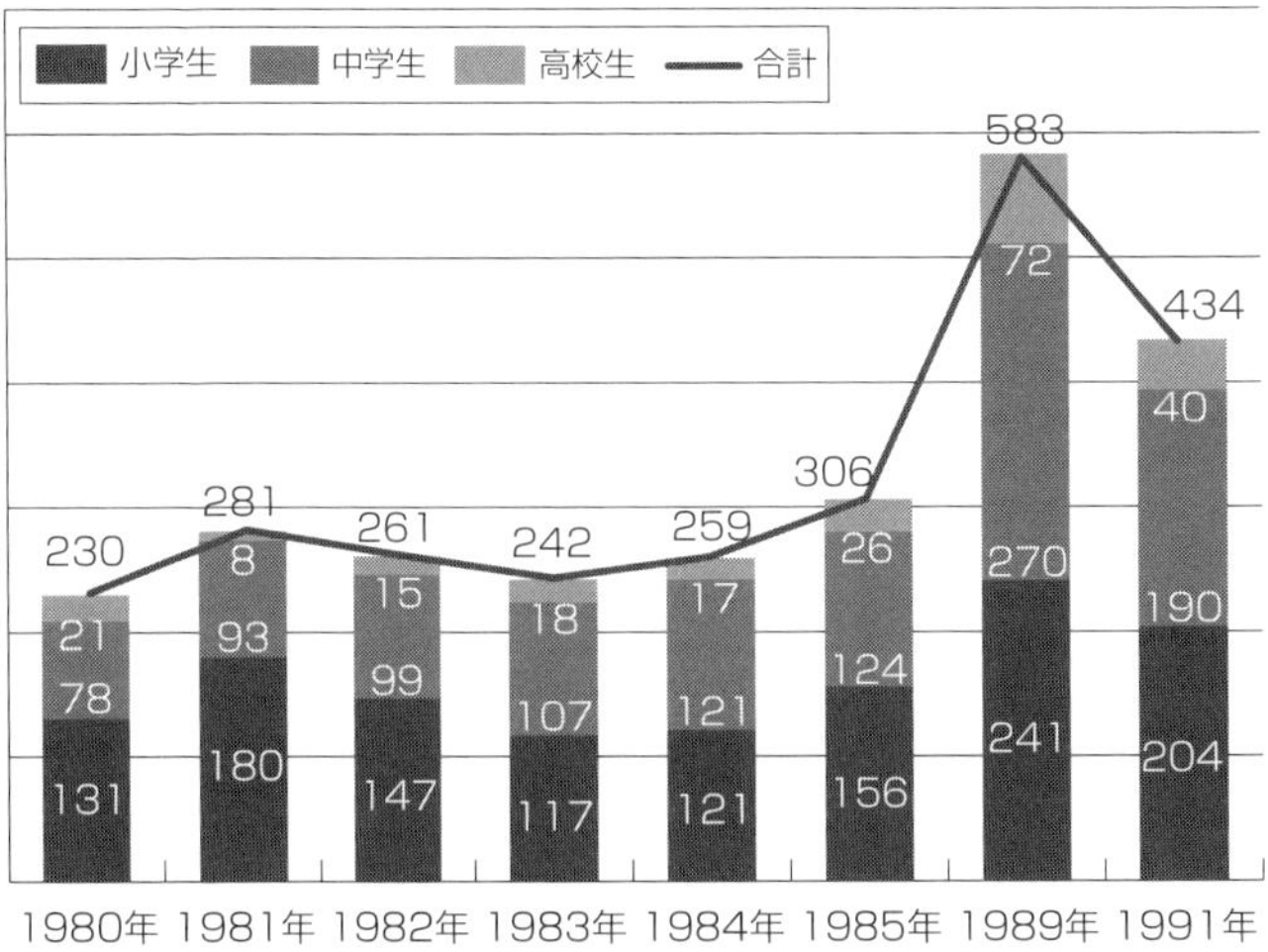

図2-1：中国帰国児童生徒数の推移

出典：文部省「学校基本調査」

大橋は、1978年に家族全員で長野県に帰国した。「一日も早く日本語や日本文化・習慣を身につける」ため、「中国語禁止が家族の目標」になった。とにかく、学校生活に慣れることが最優先だった。中国では水泳の授業を経験していないため、「泳げないばかりか水に浸るだけで恐怖を感じた」が、学校の教師が根気強く個別の指導をしてくれたと振り返っている[2]。

各学校では、こうした子どもへの指導を手探りで行っていた。文部省（当時）も、1976年にはじめて中国帰国児童生徒教育の実践のモデルを示すために「中国引揚子女教育研究協力校」を指定した。日本の学校への適応を促すために中国語版の補助教材『日本の学校』（上巻・下巻）、教師のための『帰国子女教育の手引き』や日本語指導教材『先生おはようございます』の作成など、本格的な支援に乗り出していった。

ほぼ時を同じくしてインドシナ難民の受け入れが始まり、難民の子どもたちの教育も開始された。ただ、中国帰国者の子どもも難民の子どもも全体としては少数であり、学校教育全体の課題になるまでにはならなかった。しかも、こうした子どもたちは日本への定住を前提としており、いかに早く日本語を習得し、日本の学校に適応するかが目標になり、日本の教育の仕組みや方法などを問い直す視点は弱かった。

2. 日系人の子どもの増加

1990年を境に学校の状況は一変する。日本経済はバブル期にあり、製造業を中心に人手不足が深刻化していた。そこで、政府は、1989年に「出入国管理及び難民認定法」を改正し、日系移民とその子孫に定住資格を与え、日本での居住と労働を認めた。いわば「里帰り」という名目で在留を認めたのである。1章で述べたように、1990年から1991年までの1年間でブラジル人とペルー人が急増したのである。日系人を中心にした外国人は、日本で働くために単身で来ることを想定されていたし、日系人も日本での定住を意識していたわけではなく、いわば「出稼ぎ」であった。

しかし、実際には家族全員で日本に来て、その子どもたちは日本の公立学校に就学するようになった。日本の学校ではそうした子どもたちを一時滞在者としてみていた。南米の日系人の子どもを受け入れている学校の教師から「やがて母国に帰る子どもたちに日本の北海道の勉強をさせてどんな意味があるだろうか」という疑問を寄せられたことを鮮明に覚えている。学校や教師たちは、日系人の子どもたちは一時滞在であり、そうした子どもへの教育をどのように進めるかについて悩んでいたのである。

文部省は、1991年に、はじめて外国人の子どもの日本語の実態を把握するため、「日本語指導が必要な外国人児童生徒の受入状況等に関する調査」を実施した。[3] その結果、学校で日本語指導が必要な小学生は3978人、中学生は1485人だった。この結果をみて、当時、私も含めて関係者の多くは実際よりも少ないという感想を持った。それは、指導を必要とするという基準が曖昧であり、日常会話ができれば指導を必要としないとみなされてしまうといった理由からである。実際の子どもの様子は、休み時間や放課後に流ちょうに日本語を話していても、いったん授業に参加すると授業内容が理解できない、また理解したことを十分に表現できないといった状況にあった。

この調査は2年おきに実施されてきたが、その後「学習についていけない子ども」もその対象にするようになった。図2‐2は1991年から97年までの推移を示したものである。1997年には、小学生は約1万2000人、中学生は約4500人と大幅に増加したが、その理由の一つは、学習についていけない子どもを対象にするようになったためである。

この調査は、「日本語教育を必要とする外国人児童生徒」とかなり操作的に定義されており、

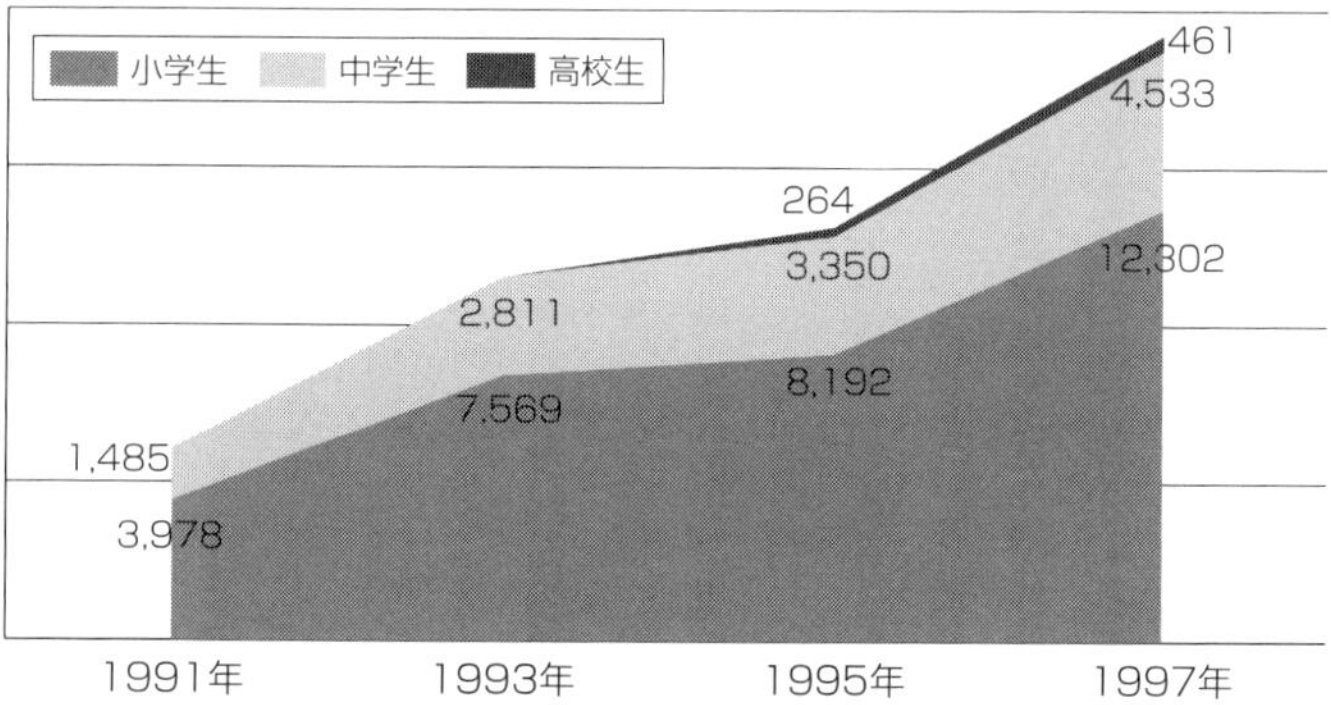

図2-2：日本語指導を必要とする外国人児童生徒数（1991～1997年の推移）

出典：文部科学省 「日本語指導が必要な外国人児童生徒の受入状況等に関する調査」

すでに述べたように学校や教師が日本語教育を必要としないと判断した子どもの数は入っていない。また、中国帰国者の子どもや国際結婚家庭の子どものように、国籍が日本であっても、日本語の力が十分ではない子どももこのなかには含まれていなかった。

この調査では、子どもの国籍は把握できないが、母語別で統計をとっている。その結果はポルトガル語が最も多く、ついで中国語、スペイン語と続きこの三言語で全体の8割をこえており、ブラジル、中国、ペルーを国籍とする子どもが多いことがわかる。このように、1990年代は日本語指導を必要とする外国人が増加し、特にブラジル、ペルーといった南米からの日系人の子どもが多かったのである。

その大半は、日本語ができないため、受け入れ側の日本の学校の戸惑いも大きく、各地で日本語ができないことを理由に受け入れを拒否する学校すらあった。また、外国人の子どもたちの不登校や不就学の問題も出てくるようになる。

3．リーマンショックによる変化

外国人の子どもたちの増加傾向は、2000年代に入ってからも続いた。特に、ブラジル系の人たちが多く居住する群馬県大泉町、愛知県豊田市、静岡県浜松市などの集住地域にある学校では、半数近くが外国人の子どもというところも現れるようになった。こうした地域には、ブラジルのカリキュラムで、ポルトガル語で授業を行うブラジル人学校なども設置されるようになった。

こうした南米系の日系人が多く住む自治体が、外国人施策や活動状況に関する情報交換を行うことを目的に2001年に「外国人集住都市会議」を設置し活動を開始した。その年の10月には「浜松宣言」を採択したが、そこでは、公立小中学校に通う児童生徒の日本語指導の充実、不就学の子どもの支援策として小中学校への就学支援と外国人学校への就学支援策などを国に求めた[4]。日系人の多い自治体は待ったなしの状況であり、国の施策が追いついていかなかったために、集住地域の自治体から切実な要望として出されたのである。

ブラジル人の増加とともに、ブラジル人学校も増加の一途を辿った。結城の調査によると、学齢期の子どもが一人でも在籍するブラジル人学校数は、2005年75校、2006年83校、2007年には88校に達していた[5]。

しかし、2008年のリーマンショックで状況は大きく変わる。製造業を中心に失業者が多くなり、再就職もできないという事態が生じたため、国では日系人を対象に帰国希望者への支援事業を開始した。2万人以上の日系人が帰国し、子どもも一緒に母国に戻っていった。

リーマンショックに追い打ちをかけたのが2011年の東日本大震災であり、その後一時的に外国人が減少した。しかし、2014年頃から再び製造業、建設業、サービス業などを中心にして労働力が求められるようになり、アジアからの外国人が増加し、しかも定住化の傾向が強くなっていった。

4. 外国人の子どもの増加と多国籍化

2015年以降は、経済成長とともに人手不足が深刻化し、外国人は増加の一途を辿っており、外国人登録者の構成に変化がみられるようになった。かつてはブラジル人が多かった地域に、ベトナムやフィリピン、あるいはネパールなどの国籍の人が多くなるといった事態が生まれた。また、この間、全体的に外国籍の子どもが増加している。図2－3は、2018年6月時点の6歳から17歳までの在留外国人数、そして2018年度の学校基本調査の日本の学校に就学する外国人数を比較したものである。日本は学齢主義であり、年齢と学校の学年はほぼ一致するが、外国人の場合、就学義務がないこと、学齢超過などもあり必ずしもその数は正確に一致しないが全体の傾向は読み取れる。小学生相当の段階で約2万5000人、中学生相当の段階で約1万2000人、高校生相当の段階で約2万4000人の差がみられる。このうち、

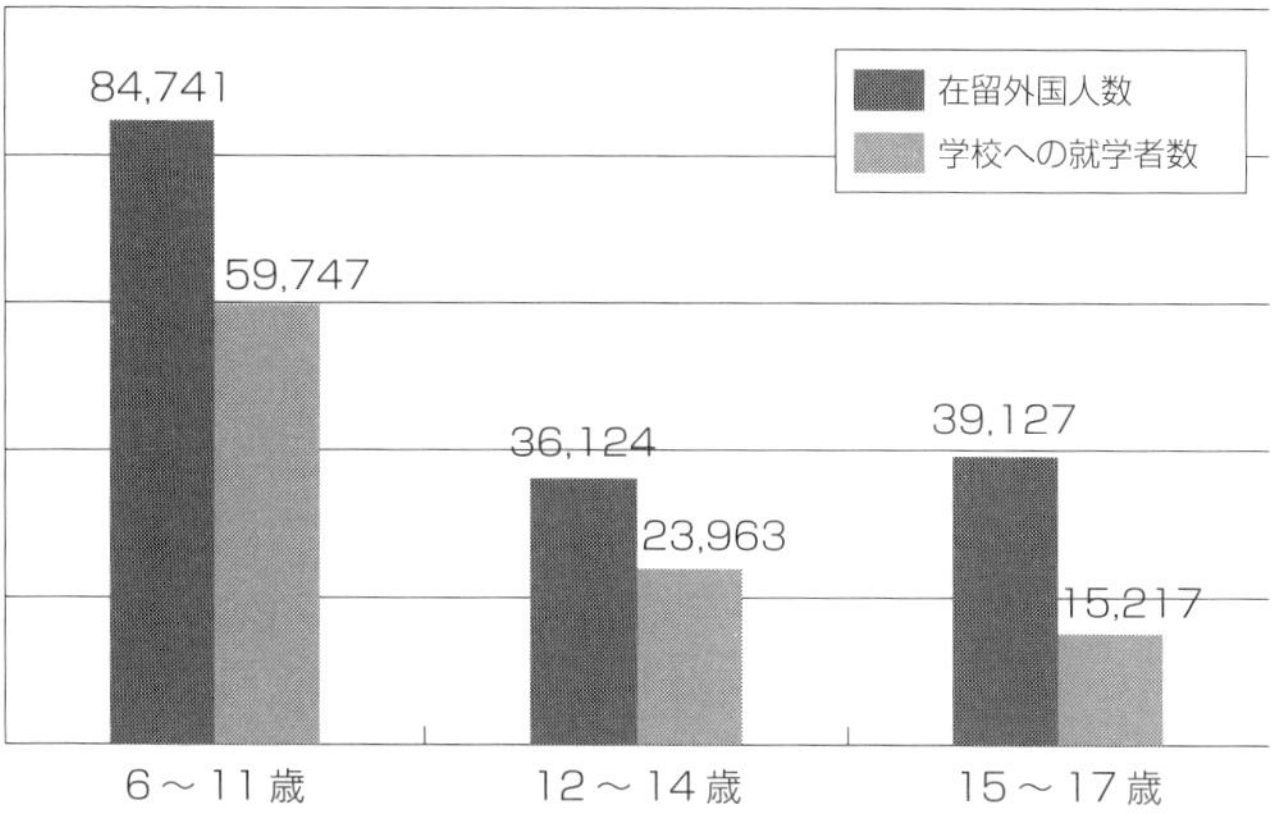

図2-3：在留外国人数と日本の学校への就学数

出典：法務省「在留外国人統計」、文部科学省「学校基本調査」

6～14歳の外国人学校（各種学校に認可されている学校のみ）就学者は1万8362人[6]であり、その差の約1万9000人の外国人が統計の上では把握できない数字である。各種学校以外の外国人学校への就学、不就学、あるいは出国、転居などの理由が考えられるが、明確ではなく実態を十分に把握できていない。

日本の学校に就学する外国人のなかで、日本語指導が必要な児童生徒も増加の一途を辿っている[7]。図2－4は、2006年から2016年までの日本語指導を必要とする外国人児童生徒数の推移である。2016年度の結果では、小学生は2万2156人、中学生は8792人に達し、前回調査（2014年度）と比較していずれも増加している。また、高校生も2915人と増加の一途を辿っている。このことからも高校段階の支援策が早急に必要なことがわかる。

母語別では図2－5に示すように、ポルトガ

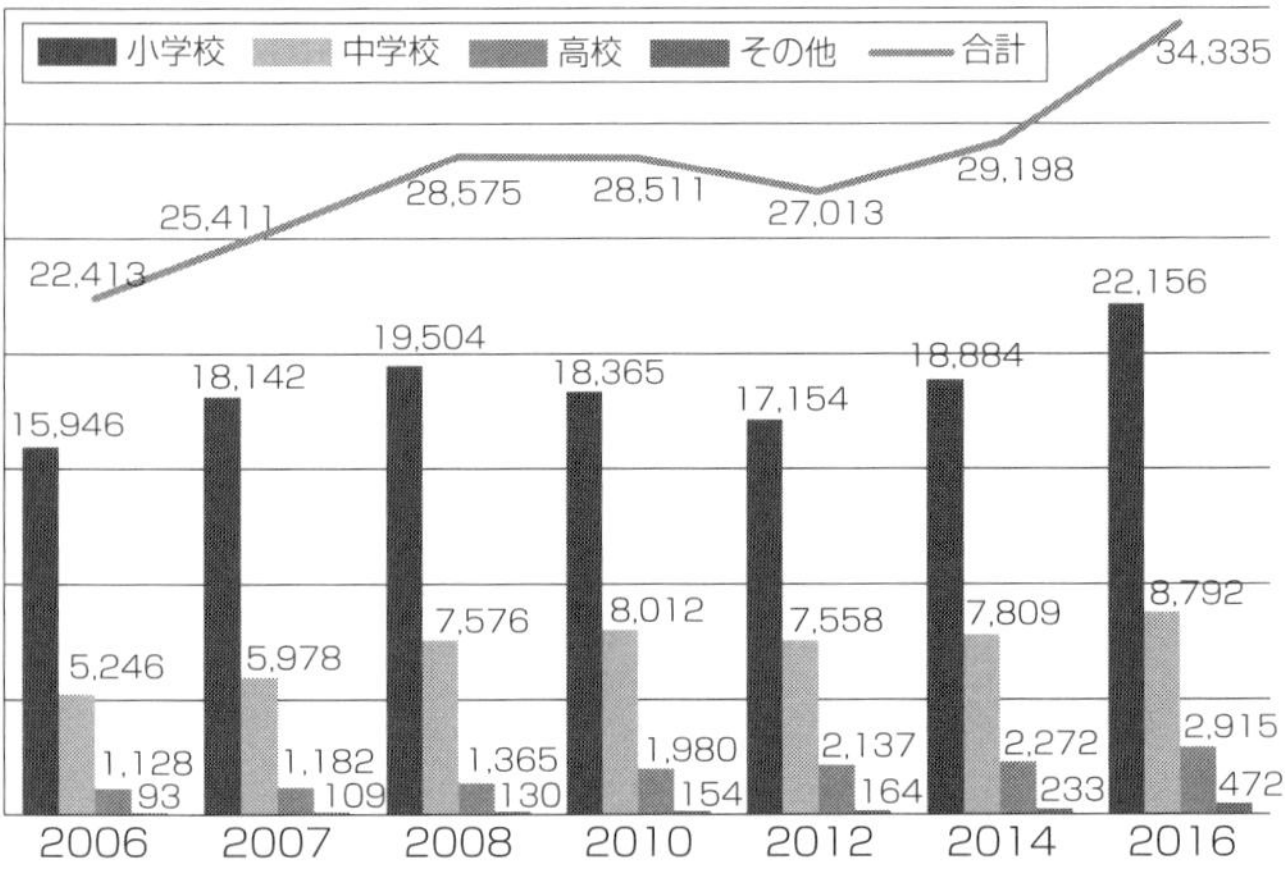

図 2-4：日本語指導を必要とする外国人児童生徒数

出典：文部科学省 「日本語指導が必要な外国人児童生徒の受入状況等に関する調査」

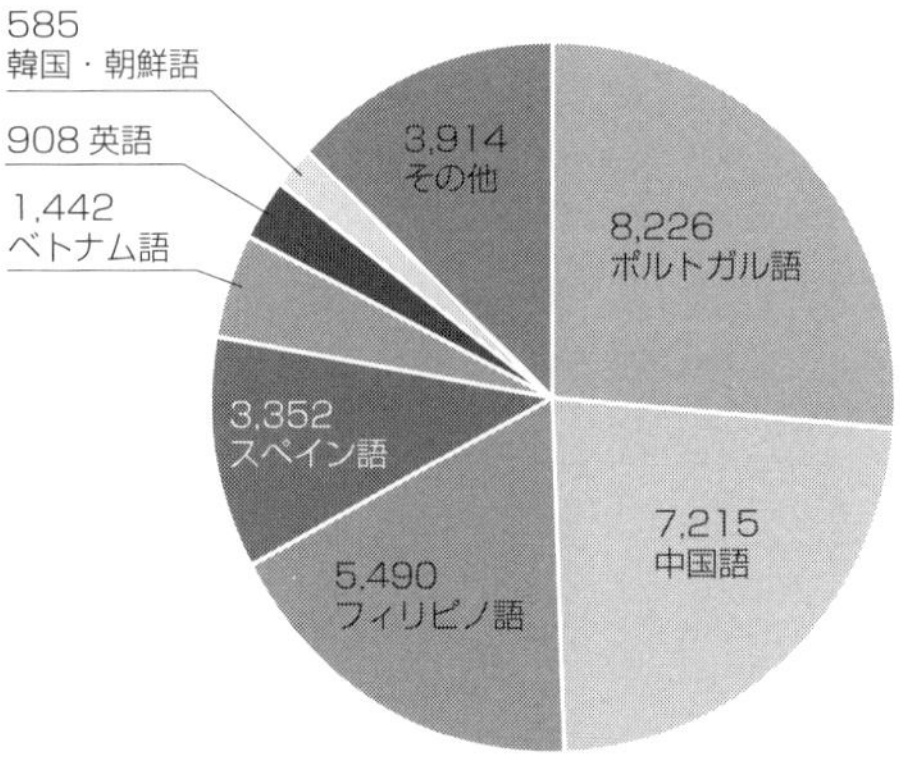

図 2-5：母語別の数

出典：文部科学省 「日本語指導が必要な外国人児童生徒の受入状況等に関する調査」

ル語が最も多いが、中国語、フィリピノ語、スペイン語、ベトナム語などが増加傾向にあり、学校の多国籍化は着実に進行している。

外国人の子どもの増加とともに、日本国籍で日本語指導を必要とする児童生徒数も増加してきた。文部科学省の２０１６年度の調査では、日本語指導が必要な日本国籍の児童生徒は９６１２人で、前回調査（２０１４年度）より21・7％増加した。ただ、この数字には海外からの帰国児童生徒が含まれているが、その数字を除き日本国籍を含む重国籍の場合や、保護者の国際結婚により家庭内言語が日本語以外である児童生徒数は７２１６人となっている。したがって、文部科学省ではいまでは、「外国人児童生徒等」というような表現をするようになってきた。

日本語指導を必要とする外国人の子どもは、特定の自治体に集住する傾向と全国的に散在するという二つの傾向がある。図２－６は、外国人児童生徒数１０００人以上の都府県を示したものである。愛知県が最も多く約７２００人、神奈川県約４０００人、東京都約３０００人、静岡県約２７００人などとなっており、このなかには全校の子どもの3分の2が外国人の子どもといった学校があらわれている。

しかし、一方で分散化も進んでいる。市町村別にみると、日本語指導が必要な外国人の児童生徒が在籍する市町村数は８２５で、そのうち「５人未満」の市町村が全体の５割弱という結果になっている。このことは、少数在籍のいわゆる散在地域が非常に多いことを示している。

また、就学前の外国人の子ども増加している。表２－１は、在留外国人統計で０～５歳ま

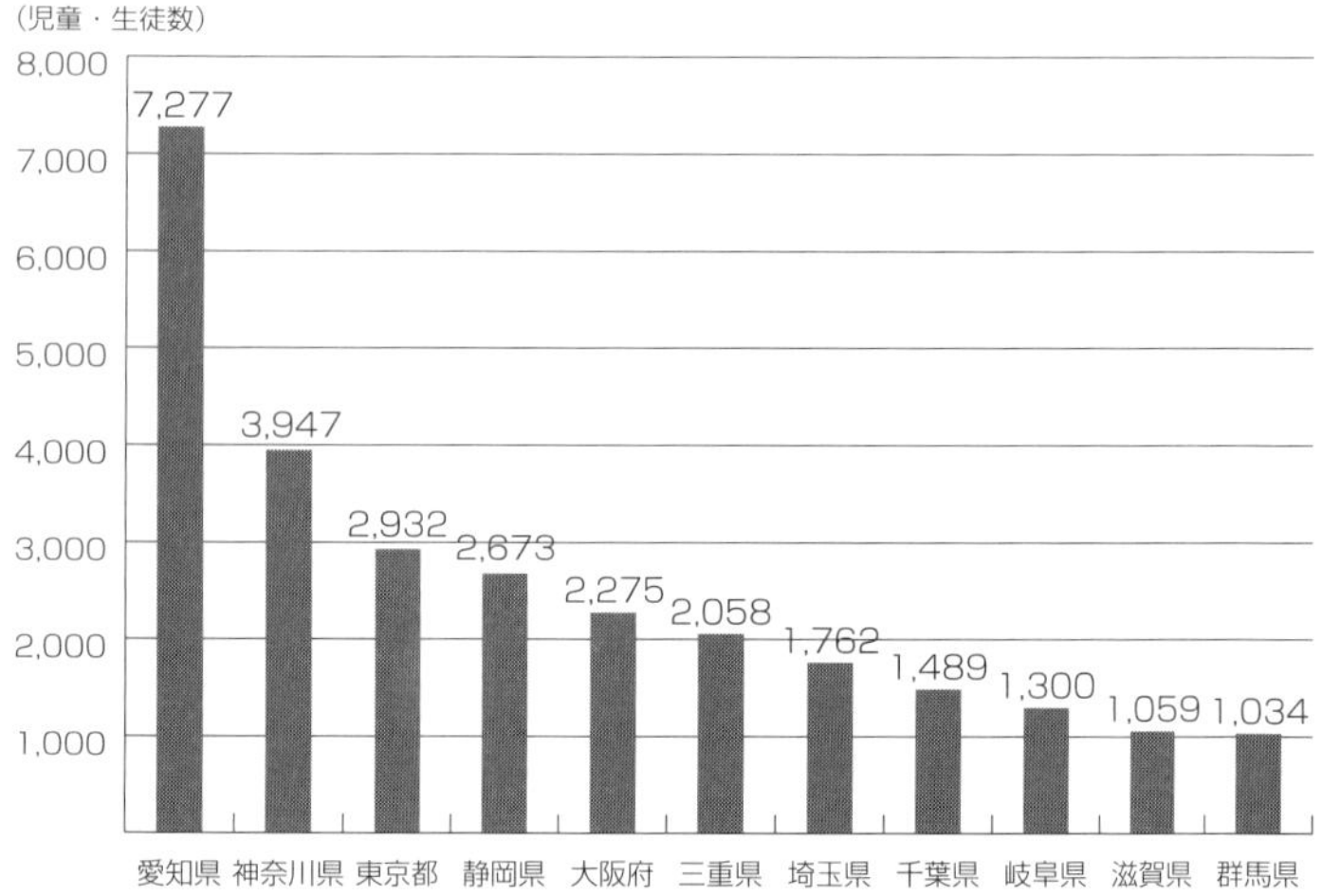

図2-6：外国人児童生徒数1000人以上の都府県別人数

出典：文部科学省　「日本語指導が必要な外国人児童生徒の受入状況等に関する調査」

表2-1：0〜5歳の外国籍の子どもの数（2013〜2018年）

	0歳	1歳	2歳	3歳	4歳	5歳	合計
2018年	17,192	21,947	20,833	21,895	21,383	22,317	125,567
2017年	17,126	22,505	22,496	22,496	20,878	23,012	128,513
2016年	15,613	16,177	17,727	16,062	16,998	14,752	97,329
2015年	14,753	19,537	17,857	19,428	17,339	16,986	105,900
2014年	13,723	14,991	16,170	14,164	13,428	12,730	85,206
2013年	12,089	15,615	14,330	13,531	12,789	13,136	81,490

出典：法務省　「在留外国人統計」

での人数の推移を示したものである。２０１３年には、約８万１０００人だったが、２０１８年には約12万５０００人と約４万４０００人増加している。就学前の子どもたちがすべて日本の学校に入学するわけではないが、就学前教育の体制を整備しないと、小学校入学後の対応がますます難しくなってくる。自治体によってはプレスクール事業が行われるようになってきており、今後の動きが注目される。

5．不就学の実態

外国人の子どもの教育で大きな課題が不就学である。外国人登録制度のもとでは、外国人の日本国内での移動をとらえることができなかったため、義務教育年齢相当の外国人のなかで、日本の学校に行っている子どもと外国人学校に行っている子ども以外の子どもが不就学にカウントされ、極めて高い比率で報告されたこともあった。不就学については国、自治体、集住都市会議などで実態調査を行ってきた。２００５年から２００６年にかけて、文部科学省は、南米出身の日系人などが集住する12の自治体（1県11市）で不就学の調査を実施したが、１．１％という結果だった。

また、２００９年に「帰国・外国人児童生徒受入促進事業」実施地域のうち29市で義務教育の就学実態の調査を行った。公立学校の就学率が65．1％、外国人学校が12．7％、不就学者0．7％、転居・帰国などが21．5％という結果であった。これは、全調査者数が約１２００人と全体の2割程度にとどまる。全国では不就学者数はこれよりも多いと思われるが、いずれも全国的な調査ではなく、正確な実態が把握できていない[8]。

この不就学の問題が一挙に顕在化したのが2008年のリーマンショックである。特にブラジル人学校に通っていた子どもたちが授業料を払えず退学するケースが相次いだ。小島は、ブラジル人学校協議会の調査結果をもとに、2008年6月にブラジル人学校に1万1429人の子どもが在籍していたが、10月には8003人に減少し、2009年6月には4380人まで激減したことを報告している。この1年間で約7000人の子どもが、ブラジルに帰国するか、日本の学校へ転校、自宅待機（不就学）など、就学状況に変化が生じていたと指摘している[9]。日本の学校に編入した場合、授業についていくことは容易ではなく、日本の学校のルールや友人関係にも馴染めない子どもが多く出て、結果として不就学になることになった。こうした不就学の子どもへの対応が早急な課題になった。

そこで国では、「定住外国人の子どもの就学支援事業」、通称「虹の架け橋事業」を2009年から開始した。これは、不就学の子どもが地域で孤立しないよう、日本語指導や学習習慣の確保を図るため「虹の架け橋教室」を設け、主に公立学校への転入ができるようにすることを目的としたものであり、2014年まで継続された。2014年度は、NPO法人、社会福祉法人、宗教法人、外国人学校、大学、教育委員会などで22の事業が実施された。この事業は、通算で6年間にわたり実施され8751人の子どもたちが参加し、4333人の子どもたちが公立学校、もしくは外国人学校に就学したことが報告されている。そして、不就学の子どもたちはみえづらい存在だったが、この事業をとおして子どもたちの課題を可視化したことが成果としてあげられている[10]。特に不就学の子どもや学齢超過の子ども、さらに就学前の子どもへの教育機会を提供していたのである。この事業はその後、自治体に移されたが各自治体とも財政的な措置を伴うため、同じような事業は継続されていない。不就学の問題はいまだ何ら解決されてはいない。

6. 外国人学校への就学

日本に住む外国人の子どもたちは、日本の学校に就学しない場合、外国人学校やインターナショナル・スクールを選択する子どももいる。その数は２０１１年の文部科学省の調査では、32校のインターナショナル・スクールが各種学校として認可されている。また、ブラジル人学校は12校が認可校、無認可のブラジル人学校は72校となっている。この他、朝鮮人学校やフランス人学校、ドイツ人学校なども含めると、１２７校の外国人学校が各種学校として認可されている[11]。

現時点で外国人学校の数は正確に把握できないが、ブラジル政府が認定しているブラジル人学校は、愛知県10、岐阜県3、群馬県4、茨城県3、三重県2、長野県1、埼玉県2、滋賀県3、静岡県10、山梨県1校の計39校に達する[12]。朝鮮人学校は65校、中華学校5校（台湾系2校、大陸系3校）、韓国学校4校、インターナショナル・スクール29校（日本インターナショナル・ス

表2-2：外国人学校（各種学校認可校）の数と日本人の児童生徒数（人）とその比率（%）

		幼	小	中	高	日本人児童生徒数計	在籍者数	割合（%）
インターナショナル・スクール	24校	439	1,477	679	803	3,398	9,350	36.3
その他	93校	186	930	280	128	1,524	14,224	10.7
合計	117校	625	2,407	959	931	4,922	23,574	20.9

2005年5月現在
117校のうち、小学部または中学部を持つものは、102校、そのうち在籍する日本人児童生徒数は、3,366人
※『割合』とは、在籍者に占める日本人児童生徒の割合

クール連盟協議会加盟校）、この他、ペルー人学校、インド人学校、ネパール人学校などがある。

外国人学校やインターナショナル・スクールは、外国人の子どもにとっても保護者にとっても重要な選択肢の一つであることは間違いない。また、外国人学校やインターナショナル・スクールは日本の子どもにとっても選択肢になっている。2005年のデータだが、インターナショナル・スクールには36%、外国人学校には10%の日本の子どもたちが就学しており[13]、現在ではさらに多くの日本人の子どもが就学していると思われる（表2－2）。

周知のように、外国人学校やインターナショナル・スクールは各種学校とされ、学校教育法第1条で規定する正規の学校、いわゆる「1条校」ではないため、進学や就職の際に不利益を被ったり、財政支援が限定されたりするといった問題を抱えている。しかし、外国人学校やインターナショナル・スクールのなかには、長い歴史のなかで独自の教育を展開している学校や本国の教育の実施を設置目的にしている学校もあり、すべての外国人学校を一括りにし

た議論は生産的ではない。また、金南が指摘するように、外国人学校を「社会的弱者として『救済』するパターナリズムは、その反動として外国人への支援よりも日本人への支援を優先すべきというバックラッシュの主張によってエンパワメントの正当性が揺るがされる」ことや外国人学校が「変容」しているが、日本社会は「継続」して外国人学校を教育制度の外側に位置づけ続けるという、二項対立的で「静的な」関係では把握できない[14]。外国人学校は、日本の子どもたちを受け入れており大きく変容しつつある。

また、外国人学校の子どもと日本の公立学校の子どもとの交流も行われている。中島は、外国人学校と日本の学校をつなぐには、「日本の学校と外国人学校との日常的な交流をもっと増やすこと」「日本の学校に通う子どもが課外や土曜日等に民族教育や言語教育を受けるために外国人学校を利用した場合、その学習成果を何らかのかたちで認めたり、公的補助の対象とすること」「日本の学校に外国人学校が共存するケースがあってもいい」といった提案をしている。現実に外国人学校と日本の学校との交流活動は行われるようになっている。しかし、なにより必要なこととして中島は「外国人学校が正規化すること」をあげている[15]。

外国人学校のなかには、子どもが日本に定住することを念頭に教育を行い、実際に卒業後多くの生徒が日本に定着するところも少なくない。各学校の独自性を尊重しつつ少なくとも私立学校に準じた位置づけと補助制度を用意していく必要がある。日本の公立学校に多くの外国人の子どもが就学するようになっていると同時に、外国人学校、インターナショナル・スクールのなかに日本国籍の子どもが就学する時代になっており、外国人学校やインターナショナル・

<table>
<tr><td>日本語が全くできない児童生徒</td><td>教科学習についていけない児童生徒</td><td>日本語が全くできない児童生徒</td><td>教科学習についていけない児童生徒</td><td rowspan="2">日本語力が十分な外国人児童生徒（通常の学校生活が送れる児童生徒）</td><td rowspan="3">外国人学校、インターナショナル・スクールに就学する子ども</td><td rowspan="3">その他（不就学の子どもを含む）</td></tr>
<tr><td colspan="2">日本国籍で日本語指導を必要とする児童生徒</td><td colspan="2">日本語指導を必要とする外国人児童生徒</td></tr>
<tr><td colspan="5">日本の国公私立学校に就学する外国人児童生徒等</td></tr>
<tr><td colspan="7">日本に住む国籍が日本以外の子ども、重国籍の子ども、国際結婚家庭等の子ども等</td></tr>
</table>

図2-7：「外国人児童生徒等」とは

出典：筆者作成

スクールをどのように日本の教育制度に位置づけていくかを早急に検討していく必要がある。

7．統計データの整備の必要性

最後に外国人の子どもに関する統計データの不備を指摘しておきたい。「外国人児童生徒等」の構成は図２－７に示すとおりだが、全体的にその実態ははっきりわかっていない。日本語指導が必要な児童生徒数も厳格に日本語力を判断する基準がないため、すでに述べたように曖昧である。外国人学校やインターナショナル・スクールに就学する子どもの場合、各種学校として認可されている学校に就学する子どもの数はわかるが、認可されていない学校に就学する子どもの数は不明であり、不就学の子どもの数も不明である。

この他、学力テスト結果についても外国人の子どもの集計は公表されていない。ＯＥＣＤ加盟国のなかには、「学習到達度調査（ＰＩＳＡ）」の結果について移民の子どもの結果を公表し、各国の政策立案に役立てている。文部科学省の学力テストや学習状況調査などの結果について、外国人の子どもの結果が開示されれば、学校の教育の改善に役立つ。

以上のように、外国人の子どもや日本語指導を必要とする子どもの統計は曖昧なところが多く、そのことが実際の施策の立案を妨げている。実態調査をもとにした統計データの整備、公表を進める必要がある。

注

（1）文部省「学校基本調査」より
（2）大橋春美（2001）「文化間移動とキャリア形成」異文化間教育学会編『異文化間教育』33号、異文化間教育学会編、15～27頁
（3）文部省（1991）「日本語指導が必要な外国人児童生徒の受入状況に関する調査」
（4）外国人集住都市会議については下記を参照。https://www.shujutoshi.jp/gaiyou/index.htm
（5）結城恵（2009）「学齢期の子どもが在籍する在日ブラジル人学校等の現状と課題について」（第1回ブラジル人学校等の教育に関するワーキンググループの資料）詳細は下記を参照。http://www.mext.go.jp/b_menu/shingi/chousa/kokusai/005/gijiroku/__icsFiles/afieldfile/2009/04/27/1262816_1.pdf
（6）文部科学省の調査から
（7）文部科学省「日本語指導が必要な児童生徒の受入状況等に関する調査（平成28年度）」、詳細は下記を参照。http://www.mext.go.jp/b_menu/houdou/29/06/__icsFiles/afieldfile/2017/06/21/138675 3.pdf
（8）文部科学省「外国人児童生徒不就学実態調査」、詳細は下記を参照。http://www.mext.go.jp/a_menu/sho

tou/clarinet/003/001/012.htm

（9）小島祥美（２０１０）「経済不況で苦境にあるブラジル学校の実態」『自治体国際化フォーラム』Jun. 2010、16、17頁

（10）「虹の架け橋事業」については、国際移住機関（２０１５）『定住外国人の子どもの就学支援事業（虹の架け橋事業）成果報告書』を参照。

（11）外国人学校については下記を参照。http://www.mext.go.jp/b_menu/shingi/chousa/kokusai/011/attach/1319310.htm

（12）ブラジル大使館のＨＰを参照。http://toquio.itamaraty.gov.br/pt-br/educacao.xml#homologadas

（13）文部科学省の下記のＨＰを参照。http://www.mext.go.jp/b_menu/shingi/chukyo/chukyo3/siryo/06070415/005.htm

（14）金南咲季（２０１６）「地域社会における外国人学校と日本の公立学校の相互変容過程」日本教育社会学会編『教育社会学研究』第98集、東洋館出版、１１５頁

（15）中島智子（２０１４）「外国人学校のトランスナショナリティと教育政策の課題」志水宏吉・中島智子・鍛治到編著『日本の外国人学校』明石書店、３８４～３８６頁

第3章

外国人の子どもの教育はどこまで進んでいるか

ここでは、これまでの国の外国人の子どもの教育に関する施策を中心にして、その教育がここまで進んでいるかを検討する。国の施策に、それまでの同化的な視点からようやく社会統合的な視点がみられるようになったが、いまだにその教育の基本方針は定められていない。この教育をこれからどのように進めるかという基本方針を定めるためにも、これまでの施策を検討し、そこにどのような課題があるかを明らかにしたい。

1. 子どもにとっての問題は

私が日本の学校ではじめて外国人の子どもに出会ったのは1989年にある小学校に参与観察の機会を得て定期的に訪問していたときのことである。ある日、2時間目が始まる頃に登校してきた男の子がいた。聞いてみるとブラジルから来た小学5年生で、時々遅刻するということだった。日本に来て4ヶ月ほどたつが、日本語が十分に話せずに、日本の学校に馴染めない。先生や友だちと言葉でコミュニケーションがとれないため、ときに手が先に出てしまうこともあり、担任の先生も指導に手をやいていた。ポルトガル語の通訳の指導員の方を介していろいろと話を聞くことができた。ブラジルでは学校が3部制のため朝から学校に行く習慣がなかったこと、日本語がわからず授業はついていけないこと、遠足や夏のプールは全く経験したことのないためにどうすればいいかわからないことなどを話してくれた。先生は親切だが、教え方はブラジルの先生とは違っていたし、学校で友だちとのつきあいも少ないという。学校に来ることが「嫌になる」というような話をしていた。

外国人の子どもが日本の学校に入れば、多かれ少なかれこうした状況にあることがわかるようになった。いまでもこの状況に大きな変化はないように思う。外国人の子どもにとってどのような問題があるかをみていく。外国人の子どもにとって大きな問題は、子どもの過去と現在、そして将来が分断されるということである。つまり、子どもがいままで生きてきた母国での関係や母語の力が日本では全く評価されず、また、子どもたちの学習背景や学習履歴も十分に考慮されることがない。その結果、いまの自分に自信が持てず、将来に向けての見通しを持てなくなるような状況に追い込まれるということである。

また、子どもたちの生活時間の大半を占める学校では、日常の授業についていけない、内容を理解してもそれを日本語で表現できないといった問題を抱えている。言葉が障害になり友人関係がつくれず孤立する例も多い。こうした背景には、いうまでもなく日本語力が十分でないことがあげられる。このことはよく生活言語能力と学習言語能力の違いとして説明される。つまり、日常生活で流ちょうに日本語を話しても、いざ授業になるとついていけない子どもが多くいる。しかも子どもの母語で対応してもらう機会はほとんどなく、日本語ができないため「低学力」という評価が下される。この「低学力」が高校になかなか進学できないという事態を招くことになる。

学校に日本語力が十分でない外国人の子どもを受け入れてから約30年が経過するが、外国人の子どもの教育への施策はどこまで進んでいるか、まだどのような課題があるかをみていく。

結論からいえば、これまでの施策は現実におきていることに対応するだけの対症療法的なものだったといえる。私自身がこれまで国の施策のいくつかに関与してきたが、公開されている資料をもとにその施策の背景や問題を踏まえつつ、今後のこの教育の課題について考えてみたい。

2. 学校に行くこと――就学の保障

外国人の子どもは就学義務がないため、1990年代には日本の学校から受け入れを拒否されることもあったし、就学年齢の子どもを持つ外国人の保護者に就学案内が届かないということもあった。外国人の保護者にとっては日本の学校の情報が少なく、そのことが不安を大きくし、日本の学校から遠ざける要因の一つにもなっていた。

こうした状況を踏まえて、2003年に総務省の「外国人児童生徒等の教育に関する行政評価・監視結果に基づく通知」が出された。そこで国には外国語による就学ガイドブックや編入学の案内を積極的に行うこと、教育委員会には外国語による就学援助制度の案内の徹底、通学区域外でかつ通学が可能な日本語指導体制が整備されている学校への通学を認めるようにすることなどの勧告を行った(1)。これを受け、2005年に文部科学省は英語、韓国・朝鮮語、ベトナム語、フィリピノ語、中国語、ポルトガル語、スペイン語の各言語別の「外国人児童生徒のための就学ガイドブック」を作成し配布した。この案内は「我が国の学校教育について」「就学手続きについて」「学校生活について」「教育相談について」といった内容で構成されている(2)。

ただし、その内容が外国人の保護者にとって理解できるかどうかという問題が残った。

日本の公立学校は外国人の子どもを受け入れてきたが、学校からこぼれている子どももいる。それが不就学の子どもである。日本では就学義務がないことから不就学という状況が生じた。不就学の実態は前章で述べたが、就学保障の観点からみると、子どもの成長・発達にとり、教育を受けられないことがどれほど大きな問題を引き起こすかは、歴史的にも、世界的にみても明らかである。私はかつて不就学の対応として、日本の学校の情報提供、子どもの居場所づくり、地域での学習支援、親のサポートの４点をあげたが、[3] いまだ十分な対応がなされていない。２０１９年3月に文部科学省から「外国人の子供の就学促進及び就学状況の把握等について」の通知が出され、就学案内の徹底と就学状況の把握を自治体に求めた。ようやく、国も本腰を入れて就学状況を把握することになった。

不就学がなぜおきるかについて、佐久間は「外国人児童・生徒を本人の意思と関わらないところで不就学に導く、『構造』が存在している」として、「年齢によって機械的に切り捨てられるケース」をあげている。そして、このことを逆手にとって「自治体によっては、15歳を過ぎた外国人生徒の就学を認めていない」ところもあると指摘している。[4] 公立学校では、学齢超過や下学年での受け入れには消極的であり、特に学齢をこえた子どもへの対応は不十分である。日系定住外国人施策推進会議の報告書で「学齢を超過した者の受入や、教科学習に必要な日本語能力が足りない者の下学年への受入」が明記されたことから、徐々にこうした子どもへの対応も図られるようになっている。この学齢をこえた子どもの受け皿として夜間中学が重要な役割を果たしているが、全国にあるわけではなく（２０１９年度9都府県に33校）、しかも日本語教室を設置している学校は少ない。

学齢超過や不就学は、現在の法制度や公教育制度の枠組みでは対応できない部分があり、こうした外国人の子どもを取り込んでいくには、現行の制度を変えていく必要がある。外国人の教育の義務化については政治性も絡んでくるため容易ではないが、グローバルな状況のもとで、これまでの国民を育成するための公教育の枠組みを再考することは重要な課題である。当面、学齢期にある子どもの数を把握し、それをもとに就学案内を徹底することと同時に、案内の内容をわかりやすく表現していくといった配慮を徹底する必要がある。

3．学ぶ力の育成――ＪＳＬカリキュラム

（1）開発の経緯

外国人の子どもが日本の学校で学ぶ上で最大の問題が日本語力にあることはいうまでもない。日本に定住するためには日本語の習得は必要不可欠である。ただ、そのためには日本語を学習するための体制が整っているという前提が必要である。つまり、外国人の子どもにとっては、学校に編入学したときに日本語を学び、日常の学習についていけるような教育体制が整っているということである。日本語力が十分でない子どもの受け入れを開始してはや30年が経過したが、日本語教育についてはまだ不十分である。

日本語指導は、一般に「サバイバル日本語」「日本語基礎」「技能別日本語」「日本語と教科の統合学習」、そして「教科の補習」といったように分けられる。[5] このうち、「サバイバル日本語」と「日本語基礎」は、「初期指導」と呼ばれることが多く、この「初期指導」と「聞く・話す・読む・書く」の四つの技能を伸ばすための「技能別日本語」については、徐々に浸透しつつある。ただ、これには地域間格差が大きく、子どもの数が少ない地域や学校では全くこうした指導が体系的に行われていないところもあり、日本語指導を受けられないといった現状もある。

日本語指導の大きな課題は、「日本語と教科の統合学習」であり、ここに焦点をあてたのがJSLカリキュラム（Japanese as a Second Language）の開発であった。私は、2001年から文部科学省の開発の責任者として関わったが、その経緯と内容について説明しておく。当時の文部科学省の担当者から、日本語学習と教科学習を統合した「内容重視型カリキュラム（content-based-curriculum）」の開発が必要ではないかという相談を受けて、当時、所属していた東京学芸大学国際教育センターで齋藤、高木などのスタッフ（当時）とともにコンセプトづくりから始めた。その後、文部科学省内に委員会が設置され、多くの研究者、実践者などが関わり2003年に小学校編[6]、2007年に中学校編[7]ができあがった。

開発にあたってはまず、外国人児童生徒教育に携わっている教師・指導者からの報告をもとに、何が問題かを確認し、JSLカリキュラムの作成方針を「学校での学びに参加するための日本語の力」の育成とした。ただ、対象とする子どもの背景が多様なために、全く違った条件下にある学校で活用できるようなカリキュラムの開発を目指すことにした。その上で、「学校での学びに参加するための日本語の力」はどのように育成できるかを議論した。議論のなかで「活動を通した学びの場づくり」とそうした場を提供する「授業づくりのためのツールの開発」という基本的な考え方が徐々に明らかになっていった。その過程では、授業の指導案を作成したり、日本語の表現を例示したりして、できるだけ具体的なレベルでの話し合いを重ねた。その一環として検証授業も数回行った。活動をとおした学びをイメージ化して指導案というかたちで示した。この検証授業をもとに、基本的枠組みの見直しや改善を進めていき、できあがったのがＪＳＬカリキュラムである。

(2) ＪＳＬカリキュラムの特徴

ＪＳＬカリキュラムの普及を目指して、開発のメンバーであった佐藤、齋藤、高木で解説版を執筆したが、そこでＪＳＬカリキュラムの特徴をできるだけわかりやすく示した(8)。

①学習活動を「体験」「探求」「発信」の3段階に分けて組み立てること。各段階とも問題解決的な活動を基本にすえ、その活動をとおして学びに参加するための日本語の力をつけることをねらいにした。
②具体物や直接的体験を支えにした学習活動を重視した。
③子どもの学習活動を基礎的な活動単位に整理し、その活動単位ごとに日本語のバリ

エーションを用意した。子どもが学年相当の学びに参加し、学習内容を理解できるようにするために、定型的で固定的な日本語表現ではなく、さまざまな日本語の表現を工夫することにした。

④授業づくりを支援するためのツールにした。多様な背景を持った子どもたちの実態から画一的な内容や定型的なカリキュラムでは対応できないためである。

小学校編は、「トピック型ＪＳＬカリキュラム」と「教科志向型ＪＳＬカリキュラム」の二つを開発した。それぞれの特徴は次のとおりである。

【トピック型ＪＳＬカリキュラム】

①各教科に共通の学ぶ力の育成をめざすもので、具体物や直接体験をとおして、先生や友だちとの関わりをとおしながら日本語で学ぶ力を育成することをねらいにした。

②「体験」「探求」「発信」という三つの学習を組織し、その中で「観察する」「情報を収集する」「推測する」「類推する」「統合する」「評価する」といった教科学習の基礎となる活動を組み立て、そして学習活動の過程でその成果を日本語で産出できるようにする。

③特定の教科の枠組みにしばられないテーマを設定し、それを中心にして、そこから生ずる学習するにふさわしいトピックを示した。このトピックについて、具体物や体験、

あるいは既有知識を支えにして学習を進めるものである。

【教科志向型JSLカリキュラム】

JSLカリキュラムのねらいは、在籍学級の学びに参加する力をつけることだが、すぐに教科学習に参加できるわけではない。そこで、教科学習に橋渡しするためのカリキュラムを「教科志向型」と呼んだ。各教科の学習の流れにふさわしい活動を組んで、教科の学習内容をより理解できるように学習支援と日本語の支援を行うものである。ここでは、各教科の特徴を次のように示した。(9)

①国語……「話す・聞く」「書く」「読む」「言語事項」という国語特有の領域を設定し、各領域にふさわしい活動

②社会科……「課題をつかむ」→「調べる」→「まとめる」という流れにふさわしい活動

③算数……「問題を把握する」→「解決の計画を立てる」→「計画を実行する」→「結果を検討する」という流れにふさわしい活動

④理科……「課題をつかむ」→「予想」→「観察・実験・調査」→「考察」→「発表」という流れにふさわしい活動

このように、各教科の学習の流れを設定し、それぞれにふさわしい活動案を提案した。こう

してできあがったものを２００３年７月に文部科学省が主催する研究協議会ではじめて講義する機会を得たが、そのときに説明と同時に、資料３－１に示すようなワークシートをもとに簡単な演習も行った。

小学校編が完成した後、中学校編の開発に着手した。中学校編も基本的には小学校編と同様のコンセプトだが、より教科に焦点をあて、各教科で習得すべき基礎基本を設定し、しかも通常の授業よりもきめ細かな指導ができるように、多様な学習支援と日本語支援のアイディアを盛り込んだ。ただ、英語については当時、英語による教授法が提案されており、最後まで必要かどうかを議論したが、メタ的な言語能力を育成する上で効果的な側面もあるということで開発することにした。

中学校編

・国語科……多様なジャンルを取り上げ、生徒の話す力、聞く力、読む力を伸ばす指導法を提示した。生徒の言語習得の力を促すための毎日の「帯単元」で取り扱う学習活動のヒントを紹介した。

・社会科……学習する内容を重点化、地図・図表・写真を用いて、生徒自身が体験できるような操作的な活動を重視した授業例を提示した。生徒の母国の事例など生徒の経験や知識を活かす活動を提案した。

・数学科……生徒がまだ学習していない事項や十分に理解できていない事項を速習でき

活動にあわせた日本語の表現を！　ここがポイント

多様な日本語の表現を使うこと：語彙の言い換え（日常的な言葉で）、文の構造（短い文で）、談話のまとまり（1 回の発話で扱う内容を小さく）

JSL カリキュラムの授業をつくろう！

ねらいを決め、適切なトピック、題材を決める

↓

トピック型、教科志向型の授業の流れ（場）を決め、各段階にふさわしい活動を決める

↓

各段階で必要な日本語の支援、学習支援、教材・教具、ワークシートを決める

↓

実践事例などを参考にして指導案を作成する

指導していく上で気をつけたい点は？　これ以外に自分でも入れてみよう！

子どもの直接体験を大切に	多様な日本語表現を	
具体物を使おう	在籍学級との関連を大切に	

実際にテーマを選び授業づくりにしてみよう！　算数を例に

① 子どもの実態は：算数で授業の様子は：ここ 1～2 週間の様子は：
② 算数の題材とそれでつけたい力(学習スキル)を決めよう(例：在籍学級で「比」が始まる など)：
③ 授業の流れと活動を決めよう：重点を置きたい活動は：その活動にはどんな具体物があればいいか：実際に操作できる活動(例：おいしいジュースを作る)：
④ 活動にあわせた日本語の表現は：
⑤ 指導案をつくろう：これまでの例を参考にしよう：教材は：ワークシートは：まずはその大まかな流れだけイメージしよう：この子どもならどこにつまずくかも予想しよう。

JSL カリキュラムのねらい

授業づくりのツール →

４つのポイント
① 子どもの実態を把握する
② トピック、題材を決める
③ 学習の活動を決める
④ 活動にあわせた日本語表現

あなたが指導している子どもの実態は？　授業で何がわからないか？
いつ日本に来た、日常会話は、読み書きは、教科で何ができて何ができないか
（教科毎に、具体的に）：
トピック、題材を決めよう！　その視点をはっきりさせる！

- 子どもの興味・関心から
- 子どもの学習履歴から
- 在籍学級の学習との関連から
- 子どもにつけさせたい力から

どのような学習の活動をつくるか考えてみよう！　授業の流れとの関連で

トピック型の活動例

体　験―経験・体験の確認（学習したことを日本語で）
↓
探　求―観察、分類、比較、情報の収集・読み取り、関連づけ（学習したことを日本語で）
↓
発　信―表現、判断

教科志向型の活動例

国語
「話す・聞く」「書く」「読む」「言語事項の習熟」４つの場にふさわしい活動を

社会科
「課題をつかむ」「調べる」「まとめる」という流れにふさわしい活動を

算数
「問題を把握する」「解決の計画を立てる」「計画を実行する」「結果を検討する」という流れにふさわしい活動を

理科
「課題をつかむ」「予想」「観察・実験・調査」「考察」「発表」という流れにふさわしい活動を

直接体験・具体物を通して（↑トピック型の活動例　→教科志向型の活動例）

資料3-1：JSLカリキュラムの授業づくりのためのワークシート

る指導例を提示した。生徒がつまずく原因を具体的な事例及びその支援策について提示した。

・理科……学んでおきたい「基本概念」「基本事項」を精選して配置した「JSL理科カリキュラムマップ」を提示した。単元ごとに学習目標を設定し、生徒たちがその目標に達成したかどうかを確認するための質問・回答例を示す「単元シート」を用意した。さらに、具体物やイラストを活用した「授業案・ワークシート」を例示した。

・英語科……具体物や絵、さらには日常生活で使う用語を用いた授業の導入例を提示した。オーラルワークを中心に英語の運用能力を身につけられる指導案を紹介した。

また、日本語支援については、より具体化を図り次の三つの支援策を示した。

日本語支援

①「理解支援」――日本語や学習内容の理解を促す支援
言い換え、視覚化、例示、比喩、対比、簡略化、補足、関連づけなど

②「表現支援」――表現内容の構成や日本語での表現を促す支援
選択肢を示す、表現方法を示す、モデルを示す、キーワードを示す、対話で引き出す、母語で表現させるなど

③「記憶支援」――語彙や表現の記憶を促す支援

内容の構成例を示す、視覚化する、身体化する、音声化する、物語化する、反復するなど

この他、自分で学習する力を高めるための「自律支援」、学習への動機付けなど情意的側面での「情意支援」の二つの支援も加えている。

10年以上前に開発したJSLカリキュラムをあえて紹介したのは、いまなお、学習するための日本語力が十分でない子どもたちが多く、さらに今後ともそうした子どもが増加することから、文部科学省が開発したJSLカリキュラムの理念や枠組みが有効だと考えるためである。開発した当初は、現場では使いにくいという声が多くを占めた。その理由は、JSLカリキュラムに内在する問題もあるが、それ以上にこのカリキュラムをツールとして示したことであった。しかし、開発後、日本でも総合的な学習が始まり、さらに資質・能力の育成が重視されるようになり、ツールとしてのJSLカリキュラムの意味が理解しやすくなり、教育現場でも理解しやすい状況になっている。

JSLカリキュラムを使いやすくするには、その問題の解決も図られなければならない。開発の中核を担った齋藤は、「次元の異なる活動が並列され、体系化されていない」「言語機能との違いが明確でない」「実際の学習活動との関連がわかりにくい」「日本語表現が教師と生徒の会話というモードしか示されていない」といった問題をあげ、さらに言語政策としても「国語」と「日本語」の違いについて議論が不十分なこと、学習指導要領の学年や教科の枠にしば

られていることを指摘している(10)。

ＪＳＬカリキュラムをさらに実効性のあるものにしていくには、こうした点について改善を図る必要がある。小学校編の教科志向型や中学校編の場合、教科学習をいかに支援するかという側面が強く出ており、ＪＳＬカリキュラムの理念とはやや乖離していた。学習指導要領に大きく規定され、教科という枠から出られずに、「第二言語としての日本語教育」という視点が出せなかったのである。この他、子どもの認知発達との関連の不十分さ、子どもの日本語力の評価が不十分なこと、指導する教師の実践的力量への依存度が高いなどの課題も抱えていた。さらに、母語との関連を考慮するという視点も欠けていた。

しかし、文部科学省が開発したこのＪＳＬカリキュラムを改善した実践や母語を活用した実践などもみられるようになっている。また、後述する日本語の評価ツールなども開発され、教師の研修も各地で行われるようになってきた。文部科学省が開発したＪＳＬカリキュラムは、こうした現場の実践の蓄積を踏まえて改善する必要がある。今後も、外国人の子どもの日本語力の向上と教科の学習内容の理解を同時に促すＪＳＬカリキュラムは必要であり、新しい視点からＪＳＬカリキュラムの改訂が必要である。ただし、これまでのＪＳＬカリキュラムを否定するのではなく、その問題点を改善しながら、子どもたちの学習を保障できるものにしていくことの方が生産的である。

4．正規の授業時間内で日本語が学べる――「特別の教育課程」

ＪＳＬカリキュラムの開発を終え、次の課題は日本語指導の時間を確保することだった。ＪＳＬカリキュラムは多様な指導形態での取り組みを提案したが、もともとは「取り出し指導」が最も適した形態であった。しかし、開発当時、日本語指導は放課後の指導や在籍学級での指導が多く、しかも学校が責任を持って指導する体制がとられていなかった。このことがＪＳＬカリキュラムの普及を遅らせた一つの要因でもある。個別の施策が打ち出されても、それが有効に機能するための体制がとられないとその施策の効果は期待できない。

そこで、２０１０年に文部科学省内に「日本語指導が必要な児童生徒の教育の充実のための検討会」がつくられた。[11] 座長として議論に加わったが、そこでは、学校における日本語指導の指導形態などについての検討を行った。最終的には「特別の教育課程」として位置づける方向で検討したが、教育委員会や学校現場の対応、さらには法制度の改正などの調整の問題もあり、このときは「各教科等の習熟度別指導として行うこと」にとどめざるを得なかった。同時に現実に行われていた他校への通級での日本語指導についてはその位置づけを明確にした。その時点では現状肯定型、追認型の施策にならざるを得ないという現実があった。

２０１２年に「日本語指導が必要な児童生徒を対象とした指導の在り方に関する検討会議」が文部科学省内に設けられ、座長として審議に加わった。[12] そこで日本語指導を「特別の教育課程」として位置づけることになり、２０１４年に学校教育法施行規則の一部が改正され、ようやく日本語指導を正規の授業時間内に行うことが可能になった。その具体的内容は、これまでの学校教育の枠組みとの整合性を図る必要もあり、次のような内容になった。

①日本語指導は学校の教師が責任をもって行うということ、ただ、日本語講師やボランティアなど日本語指導補助者などの連携を求めたこと。
②授業時数を確保したこと（年間10単位時間から２８０単位時間までを標準とする）。
③指導の形態は、在籍校で「取り出し指導」だが、他校での通級指導も可能にしたこと。
④日本語指導を担当する教師が子どもの個別の指導計画を作成するということ。

「特別の教育課程」を実施することで次のような点を期待した。第一は正規の授業時間内に時間を確保して日本語指導を行うことで計画的、体系的な指導が可能になること、第二に学校全体でこうした子どもの指導を行う体制ができること、第三に学校で教師が責任を持って日本語指導を行うことで指導の質と一貫性が担保できるようになることである。この検討会で最も議論になったのが、個別の指導計画をどのように作成するかであった。一定のモデルを示すことにしたが、教育委員会や学校での取り組みを蓄積し、それを共有していくことにした。[13]また、この「特別の教育課程」の実施は、義務化を求めたわけではない。加配教師のいる人数の多い自治体や学校では実施可能だが、子どもの数が少ない地域や加配教師のいないところではすぐに実施することは難しく、まずはできるところから実施するようにした。つまり、絵に描いた餅に終わらせないためにまずは実施できるところから始めることにし、そうした実践を他地域にも広げていくことにしたのである。

施行直後の２０１４年の「日本語指導が必要な児童生徒の受入状況等に関する調査」では、「特別の教育課程」によって日本語指導を受けている外国人の小中学生は23・９％、日本国籍の小中学生では20・０％という結果であったが、２０１６年調査ではそれぞれ42・６％、38・８％という結果になっている[14]。それでも実施校はまだ半分以下である。「特別の教育課程」の実施には、担当する教師の配置が不可欠である。２０１７年に、日本語指導を必要とする子ども18人につき教師１人を基礎定数として配置されるようになった。公立の小・中学校の教職員数は、「公立義務教育諸学校の学級編制及び教職員定数の標準に関する法律」（「義務標準法」と略称）という法律によって算定されるが、教師の数を一定のルールで配置することを基礎定数化という。これまでは都道府県の申請に応じて政策的に配当される「加配定数」として配置されていたため、財源により年度によって配置されたり、されなかったりすることもあったが、安定的に日本語指導を担当する教師が配置されるようになったのである。「特別の教育課程」を編成し、そのもとで日本語指導を保障する体制ができあがってきた。

また、日本語指導については、新しい学習指導要領で特に項を設けてその実施を求めている。「日本語の習得に困難のある児童生徒については、個々の児童生徒の実態に応じた指導内容や指導方法の工夫を組織的かつ計画的に行うものとする。特に、通級による日本語指導については、教師間の連携に努め、指導についての計画を個別に作成することなどにより、効果的な指導に努めるものとする。」と日本語指導の必要性が明記された。特に、「特別の教育課程」を編成して、組織的・計画的な指導を学校で行うように求めている。また、通級による「取り出し」の日本語指導では、指導計画を作成して、日本語担当教師と担任教師との密な連携と情報交換も求めている。[15] 日本の学校教育はこの学習指導要領により方向性が決められるために、こうした記述が加えられたことは、学校での日本語指導が広がる重要な契機になりうる。

ＪＳＬカリキュラムで積み残した日本語力の評価については、東京外国語大学が中心になり、外国人児童生徒のための「ＪＳＬ対話型アセスメント：ＤＬＡ（Dialogic Language Assessment）」が開発された。これは日本語による日常会話はできるが、教科学習に困難を感じている子どもを対象としており、一番早く伸びる会話力を用いて、一対一の対話で教科学習に必要な言語能力を「話す」「読む」「書く」「聴く」の四つの面から把握しようとするものである。[16]

こうした一連の施策は、開発した時期や主体が異なり、必ずしも一貫性があるわけではないため、いま改めてＪＳＬカリキュラム、特別の教育課程、ＤＬＡを体系づけるようなシステムをつくっていくことが早急に必要である。

5．子どもたちの進路は――進路保障

外国人の子どもの滞在の長期化や定住化に伴い、その進路をどのように保障するかが課題に

なる。まずは、高校への進学である。日本では高校入試があり、誰でもが入学できるわけではない。日本語による入試選抜や日本人生徒と同じ基準での合否判定では、入学試験に合格するのは困難である。外国人の子どもの進学率は日本人の子どもと比較し低い。外国人集住都市会議の２０１２年の調査では、高校進学率は77・３％（全日制、定時制、通信制を合わせた数値）になっている。[17]

また、高校受験を控えた中学生の日本語力は高くない。東京都の日本語学級で通級による指導を行っている区市立中学校を対象にしたアンケート調査結果（回答数23）では、「外国籍の生徒と日本国籍の生徒を比べたとき、学習面に違いはある」という回答は81・８％、「外国籍の生徒の授業の様子について、学習を進める上での日本語の習熟状況」について、「日本語に習熟しておらず、授業内容が理解できない」が45％、「所々分からないところがあるが、個別の説明等で対応できる」55％となっている。[18] この結果からも、高校入試のハードルが高いことが推測できる。

高校入試に際して、特定の高校に外国人生徒のための入学枠をつくっている自治体も出てきた。「外国人生徒・中国帰国生徒等の高校入試を応援する有志の会」では、「都道府県立高校（市立高校の一部を含む）の外国人生徒及び中国帰国生徒等への２０１９年度高校入試特別措置等について」という調査を61の自治体を対象に行っている。その結果によると、全日制高校で外国人生徒を対象にした特別入学枠があるのは17都府県市（政令指定都市）、定時制７都県となっている。また、時間延長、漢字にルビ、問題用紙の拡大コピー、別室受験、注意事項の母語表記、教科減などの特別措置をとっているのは、全日制30都府県市、定時制30都県になっている。[19]東京都の場合、国際高校、飛鳥高校、竹台高校、南葛飾高校、府中西高校、田柄高校普通科、田柄高校外国文化コース、六郷工科高校オートモビル工学科、六郷工科高校デュアルシステム科の7校9学科で、合計4月入学130人、9月入学30人の特別枠がある。しかし、全体的に特別枠の定員枠は少なく、しかも、在日期間が「3年以内」「小学4年以上の学年に編入した者」などと適用条件も限定的であり、誰もが活用できるものではない。また、仮に進学できても高校段階で日本語教育などの特別な支援がないために、入学後の学習に困難を来すことがあり、中途で退学を余儀なくされる例も多い。

文部科学省の「平成30年度の日本語指導が必要な児童生徒の受入状況等の調査」では、はじめて高校生の中退や進路状況に関する調査を行っている。これは教育委員会からの回答をもとにしたものだが、中退率は全高校生が1・3％なのに対して、日本語指導を必要とする生徒は9・6％に達する。大学や専修学校などへの進学率をみると、全高校生71・1％に対して日本語指導を必要とする高校生は42・2％となっている。就職者における非正規就職率は全高校生4・3％に対して、日本語指導を必要とする高校生は40・0％、また、進学も就職もしていない生徒の比率は、全高校生6・7％に対して日本語指導が必要な生徒では18・2％となっている。[20]この結果からも、日本語ができない生徒の進路は厳しい状況といえる。

今後、進学に関わる特別枠の拡大などの制度上の保障、中高一貫校などの受け入れなど中学と高校との連携や柔軟な受け入れ体制の整備、さらには進学後の日本語指導などの体制を整備していくことが喫緊の課題である。

6．外国人の子どもの教育施策の課題

外国人の子どもの教育の施策は、現実におきている問題に対処することが中心だったが、国の方針にもやや変化の兆しがみられるようになった。それが、２０１５年に設置された「学校における外国人児童生徒等に対する教育支援に関する有識者会議」である。そこで座長として議論に加わったが、「学校において、異文化理解や多文化共生の考え方に基づく教育がますます求められていくなか、外国人児童生徒等教育はその中心的な課題として捉えられるべきである」ということが指摘され、多文化共生という視点を打ち出している。個人的な見解だが、ここにきて統合政策へと舵を切ったといえる。

詳細な内容は報告書に詳しいが[21]、外国人児童生徒等教育の基本的な考え方にそのことがあらわれており、具体的には次の６点に整理できる。

①多文化共生・異文化理解に基づく教育の必要性と外国人児童生徒等教育の重要性
②学校教育を通じた円滑な社会への適応、経済的・社会的自立、グローバル人材育成という視点
③国・自治体・学校・地域のＮＰＯや大学等の適切な役割分担・連携による指導・支援

体制の構築
④多様化する児童生徒に応じたきめ細かな指導、日本語指導、適応指導、学力保障等の総合的な指導の必要性
⑤ライフコースの視点に立った体系的・継続的な支援、ロールモデルの提示
⑥教員養成・研修を通じた外国人児童生徒等教育を担う人材育成

ここからわかることは、外国人の子どもたちを、日本社会に生きる「市民」として教育すること、ライフコースの視点から体系的、継続的な支援が必要なことなどを打ち出しているということである。また、多文化共生の視点をはじめて明確に打ち出した。多文化共生の教育については次章で詳しく述べる。

この報告書には、グローバル人材育成の視点も盛り込まれている。具体的には、「外国人の子どもの個性を伸長するための特例的な学校の推進として、教科等について外国語による指導を行う、いわゆるイマージョン教育を行う小・中学校を設置するとともに、複数の言語によるコミュニケーション力や異文化への理解、異なる環境への適応力などの外国人児童生徒等の個性を伸ばし、グローバルに活躍できるような環境を整えるための方策を検討すること」が考えられるとしている。外国人の子どもを適応させるという視点ではなく、外国人の子どもが活きるような環境整備の必要性が示されている。ただ、「国の特例校の制度を活用」するというように、まだ日本の学校教育の枠組みを変えるような提案になっておらず、外国人の教育政策の

二重構造という問題を抱えているが、今後の教育を構想する上で大きな前進であることは間違いない。こうした基本的な方針が打ち出されたが、具体の施策にどのようにつなげていくかはこれからの課題である。そこで、外国人の子どもの教育で今後必要な施策について考えてみたい。

(1) 施策の対象の拡大

これまでの施策は、義務教育段階が中心だった。しかし、２章でみたように就学前の外国人の子どもが増えており、就学前の教育への施策を重視する必要がある。最近、各地で「プレスクール」が開設されているが、国として一定の指針を示しているわけではない。先駆的な試みは、愛知県の取り組みであり、２００９年にプレスクールの普及を図るため、プレスクール実施のためのマニュアルを作成し、それに基づきプレスクールを設置している[22]。

プレスクールの必要性については、小島が詳細な調査をもとに報告している。つまり「外国人の保護者が気軽に相談できるプレスクールは、日本の学校について事前の問題対処に役立つことが多く、保護者の不安が解消されていくことで、子どもも安心して日本の学校に通うことにつながる」という。そして、「このことが外国人の不就学者を生み出さない」ことにつながると指摘している[23]。

義務教育後の高校への本格的な支援も必要である。高校では、入試、入学後の日本語指導や教科指導への支援やキャリア教育、さらには卒業後の進路と、問題は山積している。特に、これまで手がつけられていないのが、入学後の教育である。笹尾は神奈川県の高校を事例に、高校入学後「圧倒的に学習言語が増えるため、学習が困難になること」をあげている。日本に来たことが自分で納得できず、将来展望が持てないこと、さらに在留資格が「家族滞在」の場合、奨学金の受給や卒業後の進路が狭められること、家族の経済的な理由から就職を強いられ、親と同様に低賃金・長時間労働という不安定な状況に追い込まれることなどの問題を指摘している[24]。

国でも2019年度予算で「外国人高校生等に対する包括支援環境整備事業」を計上している。ここでは、高校での日本語指導、進学や進路の相談、生活支援や心理のサポート、居場所づくりなどの支援が提案されており、この実質化が期待される。この他、学齢超過や外国人学校への支援も検討すべき課題である。

(2) 受け入れ体制の整備

外国人の子どもの教育で大きな課題になっているのが、地域間格差の是正である。これは、自治体により外国人が多い地域と少ない地域で支援策に差があるということである。先に紹介した有識者会議でも、散在地域への支援策が必要として「拠点校方式」を提案している。その際、次の四つの方式が示されている[25]。

①担当教師を「拠点校」に配置し、拠点校以外の学校に巡回指導を行う方式

②児童生徒の「拠点校」方式
③指導ノウハウの拠点機能方式
④支援人材の拠点機能方式

これまでも①と②のタイプは、各自治体で行われていたが、③と④は新たに提案されたものである。③のタイプは市区町村教育委員会、あるいは都道府県教育委員会に、子どもの日本語能力の把握や当該地域の学校での指導に役立つような指導内容の研究開発、提供、さらには指導者の配置・研修についてのコーディネートを行うための「日本語教育（サポート／支援）センター」を置くというものである。

④については、都道府県教育委員会において、当該の市区町村教育委員会や学校に日本語指導支援員や母語支援員などの派遣を行うためのコーディネートを行うケースである。

これらは自治体での整備を求めたものであり、当然、財源が必要であり、財源をどう確保するかが大きな課題である。また、③や④のタイプは、自治体だけでなく、大学や国際交流協会などがこうした役割を果たすことも可能であり、各地域でその実状に応じた体制をつくっていくことが現実的であろう。

（3）教育内容・方法の整備

学校での日本語指導については多くの施策が行われているが、まだ課題も多い。その一つが系統的な日本語指導の確立である。日本語指導は、「サバイバル日本語」「日本語基礎」「技能別日本語」「日本語と教科の統合学習」、そして「教科の補習」というように分けられるが、これをどのように体系的に行うかについては、まだまだ十分でない。外国人児童生徒の受入れの手引きには、日本語指導のコースデザインが示されている。また、齋藤らは浜松市の事例をもとに、日本語のコースデザインを示している。(26) ただし、これらはどこでも通用するように一般化することはできにくい面があり、教師研修と連動させ、教師自らが作成できるような力をつけていくことが課題である。

ＪＳＬカリキュラムについては詳しく紹介したが、本来の「第二言語としての日本語教育」という視点から学習指導要領や教科の枠に縛られないものとして改訂する必要がある。また、このＪＳＬカリキュラムについては、高校段階のＪＳＬカリキュラムの開発が必要である。高校段階では、教科の専門性が高く、しかも日本語指導についてもその専門性があることから、現場での教科指導と日本語指導との連携がとりにくいといわれてきた。教科指導と日本語指導が全く別に動いている可能性があり、それをつなぐためにもＪＳＬカリキュラムは有効であるように思う。開発にあたっては、教科横断型、あるいは総合理科、総合社会といったようなカリキュラムの開発を視野に入れていくべきである。

(4) 教師の養成・研修、資格・配置

これまで多くの施策に関わってきたが、最も重要な課題は指導者の養成だと痛感してきた。

この点については日本語教育学会で「外国人児童生徒等教育を担う教員の養成・研修モデルプログラム」の開発が行われており、その成果に期待したい[27]。ここでは、今後の課題として教科としての「日本語」の創設が必要だということを指摘しておきたい。その場合、「日本語」という教員免許が必要になる。これは、教員免許制度や学習指導要領、さらにはさまざまな制度や法律の改正も関わってくるため、容易なことではないが、日本の将来にとり検討すべき重要な課題になる。

現状の枠では、小学校の教員養成課程での科目の追加、中学・高校の国語科での指導法の付加などで対応できるが、それだけでは十分でない。また、一定の研修を受けることで資格を付与することなども現状の枠で可能なことである。ただ、やはり新たな「日本語」という科目と免許の設置を視野に入れた議論が必要である。今後、「日本語」を外国人に保障していくには、「日本語」を専門とする教師の養成は不可欠であり、その制度化を図っていかなければならない。

（5）他の組織・機関との連携

外国人の子どもの教育は、学校だけでは対応できないことは明らかである。国の施策はどうしても「縦割り」になり、省庁間の連携がとりにくいが、自治体では比較的連携がとりやすい面がある。ライフコースという視点からの支援を考えれば、学校外や地域での支援をどのように構想するかが重要になる。そうした場合、学校や教育委員会だけでは対応できない。不就学の生徒に将来を見通す力をつけさせるには、地域での取り組みが欠かせない。

浜松市で活動するNPO法人アラッセ（ARASE）の取り組みを紹介する。学校に行かずに社会に投げ出される子どもに対して、社会でどう生きていくか、職業的な自立に向けての道筋が何もないことに対応し、せめて夢を語れるようになってほしいという願いからスタートした「フォトストーリー」という取り組みを行っている。「来日するまでの過去の私」「学校に行かない現在の私」「二つの文化と言語を持ち、夢の仕事をする未来の私」という三つの時間軸で自分のアイデンティティを語るというものである。生徒たちはそれぞれのストーリーを語り始め、スクリプトを自分で書き、録音し、DVDを作成する。フォトストーリーDVDの作成をとおして「自分のルーツや現在の興味・関心に気づき、将来の夢を語ることにより自己認識を深め、新しい行動につながる自信を持つ」ことを目標にしている。地域での支援により過去と現在、そして未来という連続したものとしてとらえることが可能になっており、注目すべき実践といえる(28)。

また、これから単純労働での在留資格が認められれば、多様な外国人が増え、「貧困」という課題にも直面する。しかも、「学力問題は子どもの貧困と密接に関連する、学力は学校・教育的要因だけでは解決できない部分」があるため、学校だけで解決できる問題ではない(29)。特に、家庭の資源が学力に与える影響は無視できない。家庭の資源がない場合、それに代わる資源をどうするか、また、そうした社会資源をどのように配分していくかは、重要な政策課題になる。

（6）日本社会で生きる市民として育てる

最後に、この教育は、これから日本社会で将来も生きていく、そして日本社会を支える人材の育成という視点が不可欠になる。納税者として、また少子高齢化社会を支える人材としてどのように育てていくかということである。特に、社会との関わりやつながりを持てるような教育を構想していく必要がある。そこで、責任、公共性、判断力などの資質・能力の育成を目指すということである。この点については、特に第4章で検討していくこととするが、外国人の子どもの教育に未来の想像・創造という視点を持ち込むことでさらなる展開が可能になる。そうした観点からも、外国人の子どもの教育を進める上での基本的な指針を策定する必要がある。なお、これまでの議論を踏まえて外国人の子どもの教育の主な施策の流れと今後の施策の課題を一覧で示した（図3－1）。

【施策の対象の拡大】
- 就学前教育
- 高校への支援
- 学齢超過への支援
- 外国人学校の位置付けの検討

【受け入れ体制の整備】
- 散在地域への支援として「拠点校方式」
- 地域間格差の是正

【教育内容・方法の整備】
- 系統的な日本語指導の確立
- JSLとDLAの普及
- JSLカリキュラムの改訂
- 高校段階のJSLカリキュラムの開発

【教師の資格・配置】
- 「日本語」の資格の確立
- 日本語指導の中核的教師の養成と配置

【教師等の養成・研修】
- 学部、修士レベルでの養成
- 教師と支援者の現職研修の制度化

【高校以降の支援策】
- 実態調査の実施（中退率の高さ、非正規雇用の多さ等）
- 高校の日本語指導
- 将来を見通した進路保障＝未来を切り拓くためのキャリア教育
- 貧困と格差を固定化させないための教育

具体の今後の施策

- 就学前教育「プレスクール」への支援（幼小接続）
- 保護者への学校情報の提供（「やさしい日本語」の普及）
- 高校への支援
- 学齢超過への対応

- 広域行政の視点
- ４つの拠点校方式（児童生徒、教師、リソース、人材＝有識者会議の提案）
- ICTの活用

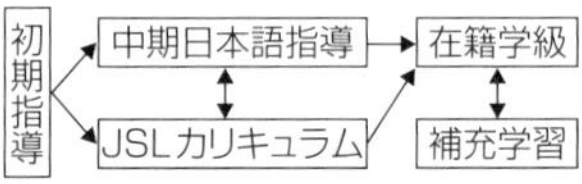

新学習指導要領にあわせたJSLの改訂、高校段階のJSLカリキュラムの開発

- 現状の枠で可能なこと（小学校課程での科目の追加、中高国語科での指導法の付加等）
- 付加的資格（司書教諭に準じた資格）
- 「日本語」の科目と免許の設置の検討

- 担当教師の資質・能力の明確化
- 養成・研修のカリキュラムの明確化
- 中核的教師の養成と人事配置

- 多文化共生、イマージョンなどを柱にした研究開発学校等の指定
- 複数言語による外国語教育
- 外国人学校への支援策
- モデル校の指定、グッド・プラクティスの普及

連携

福祉との連携＝貧困問題＝スクール・ソーシャルワーカーの配置等

医療との連携

生涯学習との連携

教育委員会、首長部局、国際交流協会等との連携

学校間の連携＝タテとヨコ

↓

各組織をつなぐコーディネーターの配置＝NPO等の地域の中間支援組織

国としての施策を進めるための指針の策定＝基本方針の策定の必要性

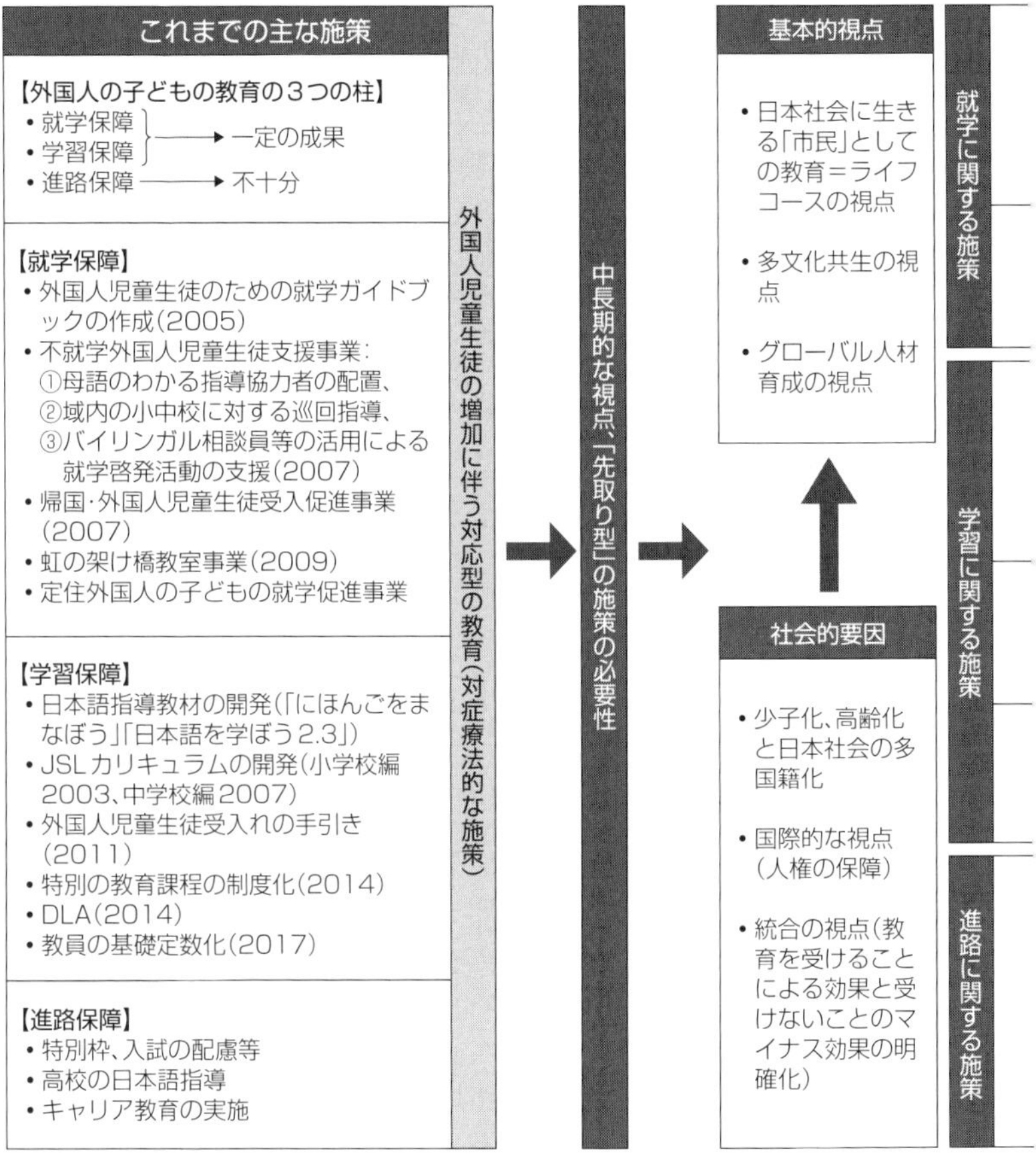

図3-1：外国人の子どもの教育の主な施策と課題

出典：筆者作成

注

（１）総務省（２００３）「外国人児童生徒等の教育に関する行政評価・監視結果に基づく通知――公立の義務教育諸学校への受入れ推進を中心として」、詳細は下記を参照。http://www.soumu.go.jp/main_sosiki/hyouka/hyouka_kansi_n/ketsuka_nendo/pdf/030807_2_01.pdf

（２）文部科学省（２００５）『外国人児童生徒のための就学ガイドブック』、詳細は下記を参照。http://www.mext.go.jp/a_menu/shotou/clarinet/003/1320860.htm

（３）佐藤郡衛（２００９）「転機にたつ外国人の子どもの教育」齋藤ひろみ・佐藤郡衛編『文化間移動をする子どもたちの学び』ひつじ書房、11～12頁

（４）佐久間孝正（２００６）『外国人の子どもの就学』勁草書房、70頁

（５）文部科学省（２０１１）『外国人児童生徒受入れの手引』、26頁

（６）ＪＳＬカリキュラム小学校編は下記を参照。http://www.mext.go.jp/a_menu/shotou/clarinet/003/001/008.htm

（７）ＪＳＬカリキュラム中学校編は下記を参照。http://www.mext.go.jp/a_menu/shotou/clarinet/003/001/011.htm

（８）佐藤郡衛・齋藤ひろみ・高木光太郎（２００５）『小学校ＪＳＬカリキュラム「解説」』スリーエーネットワーク

（９）小学校のＪＳＬカリキュラムの教科別の解説がスリーエーネットワークから刊行されている。『外国人児童の「教科と日本語」シリーズ小学校「ＪＳＬ国語科」の授業作り』『外国人児童の「教科と日本語」シリーズ小学校「ＪＳＬ社会科」の授業作り』『外国人児童の「教科と日本語」シリーズ小学校「ＪＳＬ理科」の授業作り』『外国人児童の「教科と日本語」シリーズ小学校「ＪＳＬ算数科」の授業作り』

（10）齋藤ひろみ（２００７）「『学習参加のためのことばの力』を育む」年少者言語教育国際研究集会実行委員会『「移動する子どもたち」の言語教育――ＥＳＬとＪＳＬの教育実践から』、１１２～１１４頁

（11）詳細は下記を参照。http://www.mext.go.jp/a_menu/shotou/clarinet/kaigi/1321219.htm

（12）詳細は下記を参照。http://www.mext.go.jp/b_menu/houdou/25/05/1335783.htm

（13）個別の指導計画の事例については、この検討会議メンバーの大蔵守久氏、築樋博子氏、松本一子氏らが作成した。

（14）文部科学省「日本語指導が必要な児童生徒の受入状況等に関する調査」

（15）文部科学省（２０１８）『小学校学習指導要領総則編』、１１６〜１１７頁

（16）文部科学省、「外国人児童生徒のためのＪＳＬ対話型アセスメント」。ＤＬＡ（Dialogic Language Assessment for Japanese as a Second Language）については下記を参照。http://www.mext.go.jp/a_menu/shotou/clarinet/003/1345413.htm　活用方法については、東京外国語大学の下記のＵＲＬを参照。http://www.tufs.ac.jp/blog/ts/g/cemmer/news/jsl-dla-1.html

（17）２０１２年外国人集住都市会議　東京２０１２　長野・岐阜・愛知ブロック資料

（18）東京都立高等学校入学者選抜検討委員会（２０１８）『平成31年度東京都立高等学校入学者選抜検討委員会報告書』、22頁

（19）中国帰国者支援・交流センター（２０１８）「都道府県立高校（市立高校の一部を含む）の外国人生徒及び中国帰国生徒等への２０１９年度高校入試特別措置等について」、詳細は下記を参照。https://www.kikokusha-center.or.jp/shien_joho/shingaku/kokonyushi/other/2018/koko-top.htm

（20）文部科学省「平成30年度日本語指導が必要な外国人児童生徒の受入状況等に関する調査――高校生等の中退・進路状況に関する調査結果（速報値）」

（21）文部科学省（２０１６）『学校における外国人児童生徒等に対する教育支援の充実方策について（報告）』、詳細は下記を参照。http://www.mext.go.jp/b_menu/houdou/28/06/__icsFiles/afieldfile/2016/06/28/1373387_02.pdf

（22）愛知県のプレスクールのマニュアルについては下記を参照。https://www.pref.aichi.jp/soshiki/tabunka/

0000028953.html

（23）小島祥美（2016）『外国人の就学と不就学』大阪大学出版会、144頁

（24）笹尾裕一（2011）「教育現場の最前線では今」アジア・太平洋人権情報センター編『外国にルーツをもつ子どもたち』現代人文社、58〜66頁

（25）注21参照

（26）齋藤ひろみ・池上摩希子・近田由紀子編（2015）『外国人児童生徒の学びを創る事業実践』くろしお出版、41〜45頁

（27）日本語教育学会　平成29年度文部科学省委託『外国人児童生徒等教育を担う教員の養成・研修モデルプログラム開発事業――報告書』、詳細は下記を参照。http://www.nkg.or.jp/pdf/2017momopro_hokoku.pdf

（28）国際移住機関（2015）『定住外国人の子どもの就学支援事業（虹の架け橋事業）成果報告書』、21〜22頁

（29）中室牧子（2015）『「学力」の経済学』ディスカヴァー・トゥエンティワン、123〜124頁

第4章

多文化共生の教育

外国人の子どもの教育を進める上で多文化共生という視点が打ち出されるようになった。多文化共生は一つの理念型だが、この理念をもとにこれからの教育を構想することは重要である。そこでここでは、多文化共生の教育を進める上での課題について考えてみたい。

1. 多文化共生の教育とは

前の章で外国人の子どもの教育の基本的な視点として多文化共生が必要なことを示した。国の教育政策では、2010年頃からそれまでの国際理解や異文化理解という用語に代わり多文化共生が使われ始めたが、自治体では早い時期から多文化共生という視点が打ち出されている。その先駆けになったのが外国人教育の基本方針の策定だった。例えば、豊中市、高槻市、東大阪市、吹田市など大阪府の各自治体ではいち早く在日外国人、特に在日韓国・朝鮮人の子どもの教育の指針を作成し、自治体として「内なる国際化」への取り組みが開始された(1)。

その後、1990年代に入ると日系人を中心にした外国人の増加とともに、それまでの成果を踏まえ対象を広げるとともに、多文化共生の理念が打ち出されている。例えば、「神奈川県在日外国人にかかわる教育研究協議会」の報告書『民族共生の教育を拓こう』では、日本の学校の新たな課題に対して、多民族共生教育を基底にすえ、その教育の理念を明確にしており、また、民族共生教育の視点を民族的マイノリティの子どもの教育だけにとどめず、マジョリティである日本の子どもの教育にまで広げている(2)。

兵庫県教育委員会が１９９８年に制定した「外国人児童生徒にかかわる教育指針」をみてみよう。制定の理由として、「多文化共生の視点に立って、外国人児童生徒の自己実現を図ることを支援するとともに、すべての児童生徒が互いを尊重し合い、多様な文化的背景をもつ外国人児童生徒と豊かに共生する」ためと記されている。兵庫県の指針では、人権尊重を基盤にし、すべての子どもに多文化共生の心を育む視点、教師自らも多様な価値を受容するという意識を持つことなどが示されている(3)。

川崎市教育委員会でも、１９８６年「川崎市在日外国人教育方針――主として在日韓国・朝鮮人教育」を制定し、在日外国人教育の充実の必要性を提言したが、１９９８年には「川崎市外国人教育基本方針――多文化共生の社会をめざして」として改訂した。そこでは子どもの教育の指針として次の７点が示されている(4)（傍線引用者）。

①すべての児童・生徒に対して、相互の豊かな人間関係を育むように努め、違いを認め合い尊重し合う意識や態度を培う。
②すべての児童・生徒に対して、命を大切にし、自分を信頼し、自分に誇りがもてるような支援と生きる力の基礎となる学力の保障に努める。
③すべての児童・生徒に対して、豊かな人権意識や感性を育み、民族差別や偏見を見抜き、それを批判し、許さない力を養う。
④すべての児童・生徒に対して、日本と外国、特に韓国・朝鮮との歴史的・文化的関係

を理解させ、国際理解、国際協調の精神を養うとともに、共に生きる態度を培う。

⑤在日外国人児童・生徒に対して、その民族としての歴史・文化・社会的立場を正しく認識することを励まし助け、自ら本名を名のり、民族差別や偏見に負けない力を身につけることができるよう支援する。

⑥在日外国人児童・生徒に対して、自由に自ら多様な生き方を選択し、たくましく生きぬくことができるよう進路指導の充実をはかる。

⑦日本人児童・生徒に対して、これまでの歴史的経緯を踏まえ、多様な文化を学び受容する教育活動を通じて、日本人としての豊かな国際感覚を育む。

ここからわかるように、7項目のうち4項目は「すべての児童・生徒」を対象にしたものであり、多文化共生の教育を広く位置づけている。

2000年代になると、総務省から地域における多文化共生プランが提案されたこともあり、この用語が広く使われるようになる。教育界でも多文化共生が使われるようになるが、現実の差別や人権侵害の隠蔽につながるという問題も指摘されてきた。それは、外国人の教育や外国人学校を日本の教育と別枠で構想したり、あるいは権力関係を考慮せずに平板な異文化理解や国際理解といった教育が進められたりしてきたためである。多文化共生の教育については、抽象的・理念的で現実を踏まえていないといった問題も指摘されるが、これまでの概念を批判的に検証することをとおしてのみ、新しい教育言説と教育実践をつくることができる。しかも、国籍や民族だけでなく、ジェンダー、障害の有無、年齢など、さまざまなカテゴリーによって共存する多様な文化を尊重し、より公平な社会の実現を目指すための教育のあり方を構想していく必要がある。教育は、現実の問題に対して決して無力ではなく、新しい社会づくりに貢献できるような役割を果たしていくことができる。そのために何が必要かを考えてみたい。

多文化共生の教育は、多文化教育と共通性を持つ。多文化教育は、少数民族や移民などの社会的に不利な立場にある人々に対して平等に教育機会を提供するために、その民族性、文化的多様性、さらに多様な言語を尊重して行われる教育を指す。最近の議論では、社会的な差異を解消するためだけでなく、結果としての平等を目指した教育内容・方法の改革が視野に入ってきている。(5) 多文化教育は集団間の関係に力点を置いているが、多文化共生は集団間の関係と同時に、集団と個人との関連を視野に入れたものである。平沢は、そうした教育を「多様性教育(diversity education)」と呼んでいる。それは「個の多様性や個を構成する多様なアイデンティティ要素に注目するとともに、集団間・個人間の諸関係を規定する権力の作用に対する批判的認識を育てることをめざす取り組み」であり、「多文化教育が集団の力学を中心に成り立ってきたのに対し、多様性教育は個のレベルに軸足をすえて集団間力学や権力関係をとらえようとするもの」だと指摘している。(6) この「多様性教育」は多文化共生の理念に支えられたものである。ここでは、多文化共生の教育をそうした意味で使っていく。

多文化共生の教育は、個と集団との関連を強調し、自らの置かれた環境を変えるための取り組みであり、豊かな人間関係の形成、人権尊重、差別や偏見の低減、異文化の相互理解などを進めていく実践といえる。日本学術会議では、教育における多文化共生について提言しているが、そのなかで「全児童生徒を対象とした多文化共生教育を行うこと」の重要性を指摘している。具体的には、「多文化共生の現状と理念を推進するプログラムをすべての教育現場で実施できるようにし、国民すべてが、多文化共生を理解できるようにすること。小学校の生活科、中学校の社会科、高校の地歴科・公民科といった枠組みでの、教科書・副読本による教育課程も重要であるが、教科枠にとらわれない取り上げ方、教え方も推進すべきである」[7]と提言している。多文化共生の教育がこれからの教育を構想する上で大事な視点になることはいうまでもない。

2. 多文化共生の教育の基本的な視点

外国人の子どもの教育で多文化共生を提案するのは、外国人に対する偏見や差別が依然としてあること、外国人の子どもたちが将来を切り拓くことができないという現実があることなどの理由からである。また、外国人の子どもの教育は、どのような人間を育成するかという基本的な方針がないことから、その実践の視点も曖昧であり、結果として日本の学校への適応を強いるということも続いており、さらにはすべての子どもに対する共生のための能力を育成する実践の視点も曖昧である。これまでは異文化理解の教育が中心に行われてきたが、それらはいわゆる３Ｆ（fashion、food、festival）を中心にした表面的な理解にとどまり、相互理解や違いを認める寛容性などの異文化間能力の育成につながっていない。外国人の子どもの置かれた状況を変革し、共に生きていくための教育を構想する必要がある。

多文化共生の教育を進める上での基本的な視点とは、どのようなものだろうか。イギリス文学を専攻する本橋は、ハムレットの例をたとえにして大変興味深い指摘をしている(8)。世界と自分との新しい関係を築いていくことの重要性である。本橋の指摘に耳を傾けてみよう。

「ハムレットは最初、極端に自己に閉ざされた世界に生きていて、家族を含む他人と関わりあいになりたくないばかりか、自己の身体さえもおぞましく感じていた。それが父の亡霊との出会い、ホレイショーら友人との信頼関係、旅役者との共同作業を通じてしだいに自分が周囲の世界にあり得べき位置について自覚的になり、最後には他者を覚醒する役目をになった演劇的自己を発現していく」ようになった。本橋は、続けて、「私たちも自分の発話や行為が、いったい誰のために、どのような場所で、どんな力関係の下におこなわれ、どのような人間との相互性を築いていくかに目覚めていくことで、他者との新たなつながりを作り、社会的存在として歴史的現在に生きる自己と世界に対する知見を鍛えていく」ことができると指摘している。多文化共生の教育とは縁遠い話のようだが、実はその教育が目指すものを明示しているように思う。

そこで強調されているのは、なによりも自己のあり方である。国や文化を外側にある知識として理解したり、他の国・地域の出来事を対岸の火事とみたり、あるいは抽象度の高い理想論を唱えたりすることではない。自分と世界との関係をどのように考えて生きていくか、しかも、それをいかに歴史的・社会的な文脈のもとで実現していくかをねらいにしたものである。歴史的・社会的文脈や権力関係を抜きにして共生を語ることはできない。その教育をいったい何のために行うのか、そしてどのような人間とどのような関係を結ぼうとしているかをはっきりさせる必要がある。こうした教育をとおしてのみ「社会的存在として歴史的現在に生きる自己と世界に対する知見を鍛えていく」ことができるようになるということである。

このように多文化共生の教育をとらえると実践の視点もみえてくる。まずは、日常的に自分自身が巻き込まれている社会状況を対象にして、そのなかの多様な関係の糸を文化的、科学的な知識をもとにして解きほぐしていくことにある。私たちはいうまでもなく、さまざまな関係性のなかで生きているが、その多様な関係は対等ではなく力の関係によって成立しており、その力の関係を明らかにすることが必要である。つまり、多文化共生の教育は、こうした多様な力の関係を科学的な知識をもとに明らかにしていくことにある。

多様な力の関係を明らかにするには、既存の社会的なカテゴリーに依存するのではなく、そのカテゴリー自体を疑っていくことも大切である。これまで「外国」や「異文化」を一つのカテゴリーにして、その枠からすべて二項対立的にものをとらえたり、一定のカテゴリーにすべての解釈を委ねてしまったりするという問題があった。多文化共生では、「マイノリティ」といった社会的につくられたカテゴリーに自分の解釈を委ねてしまうのではなく、そのカテゴリーを問い直し、自分なりの認識や理解のカテゴリーをつくりだしていくことが重要になる。

また、多文化共生の教育は、ともすると情意面や行動面のみが重視されがちだが、自らの文化や日常生活を問い、そしてその文化や生活を見直すということを重視する。日本の子どもたちにとっても、公正な社会を実現するには、この教育をとおして文化や日常をとらえ直し、文化や生活そのものを振り返り変革しようとする能力や態度の育成を図らなければならない。

3．どのような人間を育成するか

多文化共生の教育ではどのような人間を育成するかを再考しなければならない。そのためには日本の教育が前提にしてきた国民形成という枠組みの問い直しが必要である。教育はもともと自国民を育成するために成立し、発展してきた。しかし、多国籍化・多民族化の進行により「国民」とは誰を指すかが曖昧になっている。多くの外国人が市民（住民）として日本で生活しており、また、国際結婚が増加し、国籍だけで「国民」として定義することが現実と合わなくなっている。

こうした多文化化が進むなかでこれまで同様に固定した「日本人」の育成ということだけでは教育を維持できなくなっている。しかし、現実の学校の取り組みは、相変わらず固定した国という枠を前提にしたものにとどまっている。学校での共生の取り組みは国際理解教育として行われているが、それらは、「国際社会の中で日本人としての自覚をもち主体的に生きていく上で必要な資質や能力を育成すること」「我が国や郷土の歴史や文化・伝統に対する理解を深め、これらを愛する心を育成する」といったように、ナショナル・アイデンティティと結びついた自国民の形成のための教育として展開されることが多い。国という枠組みを固定することで、本質化した「日本人」を前提にした資質の育成を目指すことが強調されているのである。また、ハタノが指摘するように、外国人の子どもの教育でも、日本人の側の「一時的な楽しさが提供されたところで幕が下りる、はじめと終わりがある」[9]という問題もある。こうした実践により外国人は「異質な他者」として差異化され、結果として日本人側の優位性を強調し、日本人としてのアイデンティティを補強する実践になっている。

しかし、これまでの教育の枠組みを真っ向から否定しても何も生まれない。この枠組みをどのように変革するか、そのためには何が必要かを考えていく必要がある。そのためには、これからどのような人間を育てていくかを明らかにすることである。多文化共生に向けては、国家、民族という枠から出発するのではなく、それらの枠にとらわれない教育のあり方を示す必要がある。私は、かつて「特定のナショナリティから切り離された新しいナショナリティを獲得した人間は、母国の文化ともその居住地の文化とも違った『ハイブリッド』な文化的アイデンティティを獲得」すると指摘したことがある。それは「一文化、一集団に自己のアイデンティティの拠り所を求める」よりも「多文化的アイデンティティ」のあり方を模索する必要があるということである。[10]つまり、こうした多様なアイデンティティのあり方を目指すことが教育では必要になる。

横浜市立潮田小学校で国際教室を担当している岩間は、「二つの学校につながっている子ども」には、「自分は、日本人なのか、外国人なのか、そんな自分のアイデンティティが揺らぎ自分に自信をもてずにいる」子どもがいる。そうした子どもたちに「『自分』のアイデンティティを大切にし、自分らしく生きてほしいという思い」から「母語でおしゃべりができる居場所づくり」（うしおだＹＹ）の取り組みを行っている。このことで、「自分のつながる国の文化を知り、二つの国につながる自分」を見いだすようにしているという。[11] 子どもが育った国や文化を周囲から否定されるような状況下では、子ども自身がその国や文化を否定的にとらえるようになる。そこでまず外国の子どもの文化を戦略的に取り入れ、母国やその文化を肯定的に受けとめさせることで自己肯定感を高める、といった取り組みといえる。

このように国や民族という枠を活用し、そこから新しい関係のあり方をつくりあげることで、これまでと違う枠組みでのアイデンティティを形成することが重要になる。こうした実践はアイデンティティを時間軸のなかで変容するというように発達的にとらえており、自己成長的な面を重視している。多文化共生の教育では、このように多元的なアイデンティティの形成という目標設定が重要になる。

4. 多文化共生の教育の実践の視点

多文化共生を絵に描いた餅に終わらせないために、この教育をとおしてどのような力を育成するかという実践的な目標を明確にしなければならない。

第一は自己肯定感を育成することである。共生は、もともと「自己との共生」「他者との共生」、さらに「社会との共生」という三つのレベルからとらえられる。そのなかでも「自己との共生」が基本であり、それは自分をかけがえのない存在として認め、大切にしていくことであり、それが他者との共生につながっていく。

　この自己肯定感は、いまの学校と子どもたちの現実からみても必要不可欠である。子どもたちの特徴として、自己肯定感の低さ、他者に対する共感性の乏しさ、そして安心感の欠如などが指摘されている。自己肯定感の低さは、自分を否定的にとらえ自分の未来を自分で切り拓くことを困難にしており、しかもそれが他者への共感性をなくし、想像性を低くしている。他者に思いをめぐらせ、自分の行為が他者にどのような影響を及ぼし、その結果、どのようなことがおきるかの想像性を鈍らせている。その意味でも、まずは子どもたちにさまざまな場面で成功体験を実感させ、自己肯定感を育成することが課題になる。

　特に外国人の子どもの場合、学校での成功体験が少ない。そのためには、わからなかったことがわかるようになった、できることが増えたという成長のプロセスを子ども自身が感じられることが大切であり、「小さな成功体験」を味わわせることである。

　この自己肯定感を育成する学校の取り組み事例を紹介する。[12] 父親が日本人、母親がフィリピン人の国際結婚家庭の小学3年生の男子は、編入後いつも不安げでクラスになかなか溶け込めなかった。担任教師は、この子どもの文化的な背景が原因の一つだと感じ、どう指導するか思案していた。5月の家庭訪問をとおして、その母親は日本語が流ちょうではないが、英語を話し、しかもフィリピンでバンブーダンスをやっており、フィリピンにいた頃コンテストで入賞した経験があったことを知った。そこで、総合学習の時間にバンブーダンスを取り上げることにし、早速、その母親に指導を依頼した。専用の衣装を着てバンブーダンスを披露し、子どもたちから拍手喝采をあびた。その後、クラス全員で自分たちのバンブーダンスづくりに取り組むことになり、友だちから「お母さん、すごいね」と声をかけられ、バンブーダンスについてどうしたらいいか相談を持ちかけられるようにもなった。クラスで発表会を開催することになり、その母親に審査員をお願いし、子どもたちが創意工夫したバンブーダンスの発表があり、その後、フィリピンについての学習と英語活動へとつなげていった。この授業をきっかけにして、その子どもは自信をつけ、クラスに自分の居場所を見つけ、学習にも意欲的に参加するようになっていった。子どもが抱えている現実からエスニシティや文化を戦略的に活用し、学級内の関係を変えることで、子どもの自己肯定感を育成していったのである。

第二は外国に対する正確な知識を提供し、科学的な認識力を高めていくことである。異なった文化的背景を持つ人との関わりで重要なのが、正確な知識である。例えば、日系ブラジル人について労働者としてとらえるだけでなく、歴史的・社会的な見方が必要である。かつて、日本に来た日系ブラジル人の中学生にインタビューした際、「出稼ぎ」といわれることが一番に嫌なことと回答した生徒がいた。「出稼ぎ」といった一方的な見方ではなく、違うとらえ方ができるようにすることである。そのためには、例えば、日本人がブラジルに移民した歴史や社会的な背景、そして移住したブラジルでの人々の取り組み、さらには日本とブラジルと相互のつながりなどの学習をとおして、多様な視点から日系ブラジル人というカテゴリーを再構成していくことである。このように、子どもたちのエスニシティを高め、しかも日本の子どもたちの偏見を是正するには、正しい理解が必要であり、そのためには科学的な認識力を育成していかなければならない。

また、小学校の高学年や中学生になれば固定した知識の習得だけでなく、自分なりに知識を構成する力、いわば批判的思考力の育成に結びつけることも重要になる。ここでいう批判とは、物事を批判したり、政治的な権力に抵抗したりするという狭い意味ではなく、適切な基準をもとに論理的に判断が下せる力や不合理な規則や既成の枠組みを疑ってかかる態度を指す。ものの見方や判断の基準は自文化中心につくられているが、違う立場・視点に立てば違う見方や判断基準があり、そのことを自覚的にとらえていかなければならない。この意味では、外国人の子どもが在籍する学校では、外国人の子どもの出身国の社会や文化などを取り上げ、日本との比較をとおして、多様な見方を習得することで批判的思考力を育成することが重要になる。

第三は人と関わる力の育成である。異なった文化的背景を持つ人と関わるということは、葛藤や対立を伴うことが多いが、それらを乗り越えて関係をつくりだすことが重要になる。人との関わりを実践の中心にすえて、よりよい人間関係をつくりだす力、課題を他者と共に解決する力などの育成を図っていくということである。また、このことは違いを認め、差異を受容する力にもつながる。つまり、差異を当然のこととして、一人一人が豊かに生き、学び合うことができる場を創造していくということである。このためには、コミュニケーション能力と同時に寛容性も必要になる。教育の世界では、誰とでも仲良くということが強調されがちだが、その限界と虚構が問題を大きくしている。自分と合わない人の存在を認め、そうした人ともどうつきあっていくかが共生ということであり、そのためにはコミュニケーション力や寛容性の育成が重要になる。ただ、こうした力は、個人に還元し、たんなるスキルの習得に陥ってはならず、人との関わりや実際の場をとおしてのみ育っていくものである。

第四は子どもたちに多様な見方や考え方を育てることである。そのためには、多様性（ダイバーシティ）という視点から、日常の実践自体の問い直しをすることが重要になる。柳沢は、多様性を育成するための教育の取り組みについて次のような指摘をしている[13]。「ある課題が提起される。子どもたちはその課題について各人が考えや解決のための側面に目をつける。それを発表する。教師がそれをとりあげる。ひとりひとりの子どもは、その課題について全体的な解決構想を持つのではなく、それぞれが側面から解決のための一部の考えを出し合う。教師の全体構想に合う考えは取り上げられ、教師の考えに合わないものは黙殺されるか、捨てられてしまう。こうして教師の考えによって取捨選択された一つの解決が作り上げられる」という。そして、こうした授業は一見、子どもが「授業に参加・発言し、交流しつつ共同で一つの課題に迫っていくように見えるが、これでは教科、教材の内容が授業の目標」になり、多様な見方や考え方は育たない。これをこえるには、「多様な探求の可能性を許容する大きなテーマにかかわって長期にわたって自らの構想によって探求を重ねていく授業」が必要だという。

多様な見方や考え方を伸ばすには、教科の学習では不十分である。教科の学習は原則、正解がありその正解に向けて情報を集めたり、解決策を調べたり、話し合ったりする。教師はそれらを取り上げ正解に向けてまとめていく。多様性を伸ばすには、正解のない大きなテーマをもとに、自分で根拠を探し、自らの言葉で論理的に表現していくような実践が求められるが、それは教科横断的な学習として展開できるものである。

5. 多文化共生の教育の課題

多文化共生の教育を学校で実践していくにはどのような課題があるだろうか。

まず第一は、すべての子どもに等しく同じように教育するということではないということを確認しておきたい。そのためには、学校と教師の公正さの問い直しが不可欠になる。多文化共生の取り組みは、これまで理念的、抽象的に語られることが多く、実践を進めていく上で葛藤や対立がみえにくい。逆に、対立や葛藤を避けるために、抽象度の高い議論に終始しているともいえる。そこで重要になるのが、具体の実践を進める際の個々の教師の公正さの基準を問い直すことである。新倉は、外国人の子どもの教育にあたる教師の公正さを問題にし、そのズレを意識し、公の場にさらすことで新たな公正さの基準をつくることが重要だと指摘している。実際の学校現場では「何が公正なのか、何が不平等なのかについて、具体的事例を取り上げ議論することは極めて少ない」という。そこで、新倉は自らが行った教師研修での取り組みをもとに、教師が「公正さ」について気づき、多様な選択肢を模索するようになることを検討している。つまり、「公正さ」が問われる現実の場面で、「自己の解釈と他者の解釈を突き合わせ、公正とは何か、自らの解釈を多角的な視点から見つめ、認知の枠組みを問い直す」可能性を探っているのである。学習場面、支援の場面、進路指導の場などでそれぞれの教師が考えている基準をお互いにつきあわせ、その話し合いをとおして新しい実践の基準をつくりだしていくことである。このことから、「自明としてきた公正さを問いなおし、これまでの制度的枠組みや学校現場での実践について相対化して見直してみる」ことを課題として提起している(14)。

学校や教師は、外国人の子どもたちの差異を考慮することが、かえってその差異を際立たせることになり、それは平等に反するという考えを持っている場合がある。そのため、子どもたちを全員平等に扱うことを選ぶ傾向がある。しかし、現実に抱える子どもの課題をどうするかをめぐり、学校全体で話し合うことで、教師間のズレを調整していくことが重要になる。子どもたちの差異を積極的に取り上げ、学校としてその解消や低減に向けた実践を行うことである。

第二は学習観を変えることである。この点、カミンズの「変革的マルチリテラシーズ教育」という考え方が示唆に富む。この教育の中核として構成主義的な学習を位置づけている。教科内容やスキルの伝達を認めながらも、「教師と生徒の協働作業による知識の構築や内容理解を含めて高次元の思考力にまで伸ばそうとするもの」であり、体験学習、協同探求、知識の生成の重要性を指摘している(15)。学習を単に個人の活動としてではなく、社会的な文脈のなかで行われるものというとらえ方をしており、学習の質は協同という活動によって左右され、相互の学び合いのなかで、知識をつくりあげていくという視点が重視されている。

固定した知識の習得だけでは、既存の仕組みへの同化という視点が強くなり、批判的にその仕組みや体制をとらえ直す力を奪ってしまう。子ども自身が「知識の創造者」となり、自分で獲得した知識を社会づくりで活かせるようにすることが多文化共生の取り組みでは重要である。こうした構成主義的な学習は、社会的な問題解決の学習への参加と同時に、そこでの討論や対話といったスキルの習得を目指すものである。そうした学習をとおして、新しい社会づくりに必要な対話や討論といった技能を学び、それを実生活のなかで活かすような取り組みが求められるのである。

第三は、外国人の子どもの進路を切り拓いていくことである。最近、こうした取り組みが積極的に行われるようになってきた。豊田市で活動するNPO「トルシーダ」では、将来の見通しを持たせるため、進路が具体的になったところで志望校見学をし、学校の説明を受けたり、学校の行事の話を聞いたりすることで高校を身近にしている。また川崎市のふれあい館では、外国人の生徒は中卒後、単純労働に就くことが多いことから、高校を卒業し、社会保険付きの工場に入るといった一つのロールモデルをみせることで、将来への展望を持たせるような取り組みを行っている[16]。

学校でも子どもの進路を切り拓く取り組みが行われている。ある中学校では、もともと中国帰国者が多く、日本への定住を前提にしている子どもが多い。そのため、日本語の習得が不可欠であり、日本語学習の機会を保障してきた。日本語教室を担当している教師は、日本語教室の指導者であると同時に、子どもたちが新しい関係性をつくることができるように、地域住民、学生など多くのゲストティーチャーを招き入れており、いわばコーディネーターの役割を担っている。そのなかの一人にこの学校の卒業生で自らが中国帰国者の学生がいた。その女性は、教職を希望しており、中国への短期の留学経験を持っている。この学生が学校に関わるようになったきっかけは、教育実習だったという。母校での教育実習を終えた後も、週2回、取り出しの授業や放課後の補習授業で子どもたちと積極的に交流してきた。教育実習生として教壇に立ったこともあり、日本の子どもたちも放課後、補習授業の教室にやってくることもある。子どもたちの前で、自分は「中国と日本の文化の二つを持っており、そのことを誇りにしている」と語りかけ、それを聞いた子どものなかには、それまで口にすることのなかった中国名を自分から友だちに紹介するまでになった子もいた。中国帰国者の子どもたちは、こうした先輩との出会いと日常的な交流をとおして自分自身としっかりと向き合えるようになる。この大学生は中国帰国者の子どもにとり重要な「役割モデル」になっていた。

こうした意味ある他者との出会いや交流が子どもたちの将来を切り拓いていくことにつながる。多文化共生の教育は、多様な人と関わる機会をつくることで、他者と関係をつくりだす力、課題を他者との関わりをとおして解決する力などの育成を図っていくことが大切である。

第四は、寛容性を育成することである。多文化共生の教育ではこの寛容性に注目することが必要である。小林は、寛容について興味ある指摘をしている。「寛容は、異なったものを受け入れるなどという、ぼんやりとしたやさしさでは決してない。それは寛容ではなく、受容である。寛容とは、受容不可能、つまり自らは受け入れられないほど異なっていると認知したものを、なお同じ社会で生きる存在としてその生存を認め、共に生きていくという厳しい覚悟である。そう確認した後、初めて見えてくる寛容のあり方、寛容の難しさ、そして寛容の可能性がある」というのである。続けて、「自分の中に否定的な反応・反感があり、しかもそれを意識しているにも拘らず、実際に行動に移すという次元では、その『他者』の存在を認め、干渉したり、強制したりはしないという建設的な行為を生み出し、寛容が成立する」と指摘している。(17)寛容と不寛容を二項対立的にとらえるのではなく、表裏一体のものとしてとらえるということである。単なる共感性や受容を強調しただけでは、寛容性は生まれない。差異を差異として認めることが重要になる。

つまり、差異を正しく理解し、他者への想像力を高めていくような実践である。その上で、現実生活のなかでの直接的な交流や体験をとおして共生のための作法や実践的な態度を育成する。地域で展開されているさまざまな活動に子どもを積極的に参加させるとともに、学校でも意図的に相互交流の場を設定し多様な活動を展開していく必要がある。共生の作法や実践的な態度を育成する上で、交流活動は重要である。そのことで、違いを違いとして認め、その違いを尊重する態度を育成できる。

第五に多文化共生の教育は学校全体での取り組みが必要であり、外国人の子どもだけに限定したものではないということである。多文化共生の教育の柱は学力の保障である。3章でＪＳＬカリキュラムを紹介したが、その視点はすべての子どもたちが教科の内容を理解し、理解した内容を表現できる力をつけるものである。したがって、すべての子どもにこうした視点での授業づくりを行うことは学校としても学力の向上につながる。また、総合的な学習でもすべての子どもを対象にした取り組みは有効である。例えば、横浜市の飯田北いちょう小学校では、総合的な学習で「命」や「平和」をテーマにしているが、5年生が「JICA横浜」を訪れ、日本から海外に移住した移住者について学んでおり、これを受けて6年生では「夢と希望を追い求めて母国を出て難民になった方、第二次世界大戦で中国大陸に残された中国帰国者の方々の体験談を伺い、平和の大切さ、命の大切さについて考える」という取り組みを行っている(18)。多文化共生の取り組みは、個々の教師の実践から、学校全体へと広げていく必要がある。子どもたちの学力に結びつくような授業改善、子どもたちが安心して学べる学校環境づくりなどの取り組みが求められよう。多文化共生とは、教師間の協働や学校全体の取り組みをとおして、学校のあり方を変革していくことにつなげていくことなのである。

注

(1) 鄭早苗・朴一他編(1995)『全国自治体・在日外国人教育方針・指針集成』明石書店
(2) 神奈川県在日外国人にかかわる教育研究協議会編(1994)『民族共生の教育を拓こう』、この報告書の紹介を教育学研究に執筆したことがあり、それを参照のこと。日本教育学会(1995)『教育学研究』第62巻第1号、76~78頁
(3) 兵庫県教育委員会の「外国人児童生徒にかかわる教育指針」は下記を参照。http://www.hyogo-c.ed.jp/~jinken-bo/gaikokujinsisin.html
(4) 川崎市教育委員会(1998)の「川崎市外国人教育基本方針――多文化共生の社会をめざして」は下記を参照。http://www.city.kawasaki.jp/250/page/0000040959.html
(5) 多文化教育の議論については、グラント&ラドソン=ビリング編著(中島智子他訳)(2002)『多文化

教育事典』明石書店に詳しい。

（6）平沢安政（２００３）『国際人権ひろば』No.51、下記を参照。https://www.hurights.or.jp/archives/newsletter/section2/2003/09/post-124.html

（7）日本学術会議地域研究委員会多文化共生分科会（２０１４）『教育における多文化共生』、23頁

（8）本橋哲也（２００２）『カルチュラル・スタディーズへの招待』大修館書店、前書き

（9）リリアン・テルミ・ハタノ（２００６）「在日ブラジル人を取り巻く『多文化共生』の諸問題」植田晃次・山下仁編『「共生」の内実——批判的言語社会学からの問いかけ』三元社、55～80頁

（10）佐藤郡衛（２００１）『国際理解教育——多文化共生の学校づくり』明石書店、31～32頁

（11）山脇啓造・服部信雄編著（２０１９）『新　多文化共生の学校づくり』明石書店、１１２頁

（12）この事例については、佐藤郡衛・佐藤裕之編（２００６）『「共に生きる子ども」を育てる国際理解教育』教育出版を参照のこと

（13）柳沢昌一（２０１１）「実践と省察の組織化としての教育実践研究」日本教育学会編『教育学研究』第78巻第４号、日本教育学会、97頁

（14）新倉涼子（２０１１）「『公正さ』に対する教師の意識、解釈の再構成」異文化間教育学会編『異文化間教育』34号、異文化間教育学会、37～51頁

（15）ジム・カミンズ（中島和子訳）（２０１１）『言語マイノリティを支える教育』慶應義塾大学出版会、１４１～１５２頁

（16）国際移住機関（２０１５）『定住外国人の子どもの就学支援事業（虹の架け橋事業）成果報告書』49頁、56頁

（17）小林早百合（２００５）「多文化社会の質的変化と寛容の変容」佐藤郡衛・吉谷武志編『人を分けるものつなぐもの』ナカニシヤ出版、１５２頁

（18）山脇啓造・服部信雄編著、前掲書、78頁

第5章

外国人の子どもと人権の教育

ここでは、人権という視点から外国人の子どもとその教育についてみていく。人権課題の一つとして「外国人」があげられ、学校では人権教育として進められている。外国人や外国人の子どもを対象にした人権教育は、実際にどのように進められているか、そこにどのような課題があるかについてみていく。

1．なぜ人権がキーワードになるか

外国人がなぜ人権課題になるかを外国人の置かれた社会状況をとおしてみていく。ここでは、外国人の技能実習生を例に考えてみよう。技能実習生は、1993年に制度化されたもので、日本の技能、技術または知識を習得し、それを開発途上地域へ移転を図ることで、経済発展を担う「人づくり」に寄与するというのが本来の目的だった。2018年末の技能実習生の数は42万4394人で、その出身国はベトナムと中国が圧倒的に多く、ついでフィリピンなどであり、機械・金属、建設、食品製造、繊維・衣服、農業、林業などの業界に多い。日本の現在の実習生の受け入れの仕組みは、個々の企業が直接受け入れるのではなく、大半が「団体監理型」で、母国の送り出し機関を経て入国し、監理団体で研修後に各企業で働いている。

この技能実習制度ではこれまで多くの問題が指摘されてきた。いわゆる「3K」職種などの労働力不足に悩む中小企業を中心に、低賃金の労働力確保に利用するケースが多く、違法な長時間労働や賃金不払いなどの問題が指摘されてきた。法務省の調査では、2018年に技能実習生全体の２・１％にあたる９０５２人が失踪し、その多くが不法滞在となっているとみられる。また、最低賃金違反、契約賃金違反、賃金からの過大控除、割増賃金不払い、残業時間の不適正、不当な外出制限、暴行などの人権侵害もおきていることを報告している。[1]

技能実習生のこうした状況は、まさに人権に関わることであり、アメリカ国務省の「人身取引報告書」では、日本の外国人の技能実習・研修制度を取り上げ、「人身売買という状態の一因となる」ものとしている。２０１８年の報告書では、「技能実習制度改革法の監督および執行措置を引き続き実施する」よう求めている。特に、「強制労働の一因となる組織や雇用主による『処罰』の合意、パスポートの取り上げ」などの禁止の実施を強化するように勧告している。[2] ２０１７年にようやく「外国人の技能実習の適正な実施及び技能実習生の保護に関する法律」が施行され、新しい制度のもとで技能実習生の保護が明確に規定されているが、これまでの問題が解決するかは今後の運用にかかっている。

外国人は日常生活を送る上でも人権に関わる問題に直面する。人権教育啓発推進センターでは、外国人がどのような人権問題に直面しているかを具体的に把握するための調査を行っている。[3] 調査項目の一つに住居探しの項目があり、「過去5年間に日本で住む家を探した経験のある人」は48・1％いる。そのなかで「外国人であることを理由に入居を断られた」が39・3％、「日本人の保証人がいないことを理由に入居を断られた」が41・2％、「『外国人お断り』と書かれた物件を見たので、あきらめた」が26・8％という結果になっている。また、過去5年間に日本で仕事を探したり、働いたりしたことがある人にどのような差別を受けたかを質問している。その結果、「外国人であることを理由に就職を断られた」が25・0％、「同じ仕事をしているのに、賃金が日本人より低かった」が19・6％、「外国人であることを理由に、昇進できないという不利益を受けた」が17・1％、「勤務時間や休暇日数などの労働条件が日本人より悪かった」が12・8％となっている。

この2項目の結果をみても、日常生活を送る上で外国人であることで差別を受けた人が多いことがわかる。こうした状況は、外国人の子どもにも共通する。例えば、川崎市の調査では、外国人保護者が「子どもが学校で困っていること」として、「授業の内容が理解できない」（10・6％）、「外国にルーツがあることで、いじめられる」（8・0％）、「日本語がわからない」（6・5％）といった結果が報告されている。(4) また、外国人保護者からのインタビューでも子どものいじめの実態について報告されている。(5)

Cさんの娘は、小学生のときに周りから「お前はガイジンなんだよ」と言われていたそうで、Cさん自身も娘から「お母さんがガイジンだから！」と責められたことがあったという。……現在、小学校に通っているFさん（中国、女性、麻生区）の娘は、学校や近所で「中国人」ということで差別的なことを言われたり、無視されたりしたことが何度かあったという。

この報告書では、こうした差別の背景として日本の学校の「『異質』なものに対する排他性や同調圧力の強さといった根深い問題が存在している」ことを指摘している。さらに「すべての学校でいじめがあるわけではないし、外国につながる子どもだからといって必ずしもいじめにあうというわけでもない」が、「それでもやはりいじめの問題は楽観視すべきではない。外国にルーツがあることがいじめの原因となる場合、自らのルーツを否定するという悲しい結果を生むことへとつながってしまいかねない」と、子どものいじめの原因の一つとして「外国人」であることがあげられており、子どもの存在自体が否定されるような事態になることを指摘している。自らの存在が他者からも承認され、安心して学べる環境づくりが必要なことを示す結果である。

このように外国人や外国人の子どもたちは、実際に差別を受けており、その人権が十分に保障されているとはいい難い状況にあるために、人権という視点から教育を進めることの重要さが浮かびあがってくるのである。

2. 人権教育の位置づけ

日本の技能実習生の制度は、アメリカからみた場合、人権侵害にあたるという指摘があるが、人権を考える上で重要なのは国際的動向であり、国内の基準だけでなく、国際的な視野が必要になる。今日の人権教育の出発点は、１９４８年第３回国連総会において採択された「人権宣言」にある。その後、１９９３年の世界人権会議で「ウィーン宣言及び行動計画」が採択され、

1995年からは、「人権教育のための国連10年」の行動計画が開始された。そこでは、「人権教育とは、知識と技術の伝達及び態度の形成を通じ、人権という普遍的文化を構築するために行う研修、普及及び広報努力と定義」され、「人権と基本的自由の尊重の強化」「人格及び人格の尊厳に対する感覚の十分な発達」「全ての国家、先住民、及び人種的、民族的、種族的、宗教的及び言語的集団の間の理解、寛容、ジェンダーの平等並びに友好の促進」「全ての人が自由な社会に効果的に参加できるようにする」ことなどが示されている。(6)

この「人権教育のための国連10年」を受けて、1997年に日本国内では、行動計画が策定され、学校教育、社会教育、企業その他あらゆる場を通じて、人権教育を推進することが目標とされ、「外国人」が人権課題として掲げられることになった。その後、2002年に「人権教育・啓発に関する基本計画」(2011年に修正)が策定されたが、そこで人権教育の手法について、次のように述べている。人権教育は、「『法の下の平等』、『個人の尊重』といった人権一般の普遍的な視点からのアプローチと、具体的な人権課題に即した個別的な視点からのアプローチとがあり、この両者があいまって人権尊重についての理解が深まっていくものと考えられる」として、特に、「具体的な人権課題に即し、国民に親しみやすく分かりやすいテーマや表現を用いるなど、様々な創意工夫が求められる。他方、個別的な視点からのアプローチに当たっては、地域の実情等を踏まえるとともに、人権課題に関して正しく理解し、物事を合理的に判断する精神を身に付けるよう働きかける必要がある」と指摘している。(7)

文部科学省からは、人権についての知的理解を深めるとともに人権感覚を身につけることを目指して、2008年に「人権教育の指導方法等の在り方について」の第三次とりまとめ(8)が公表され、学校教育における指導の改善・充実に向けた視点が示された。これを受けるかたちで各自治体でも指導指針や指導書などが作成されるようになった。

日本の人権教育は国際的な動向を踏まえて、法整備も進められてきたが、学校の人権教育は問題も抱えている。日本のこれまでの人権教育について、平沢は国際的な動向を踏まえつつ、「国内的な人権諸問題への対応を前提とした人権教育の枠組みが中心」であり、「特定の人権問題に焦点をあてて、『差別を許してはならない』『人権を大切にしよう』という思いを引き出すために、具体的な差別や人権侵害の事例を提示するやり方が支配的であった」と指摘している。そして、近年の人権教育では、「『異質なものとの出会いや関わりを楽しもうとする心性』や『正解のない問いを考え続けようとする態度』の育成を大切にしようとするやり方へとシフト」しつつある。そして、「概念的なものの見方としての知識、あるいは分析力、判断力、コミュニケーション力などの知的なスキル、および異文化を受容し、他者と肯定的な関係をつくるための社会的なスキル、そして変化に前向きで、社会的なことがらに積極的に関与しようとする態度など、多元的な民主主義社会を生きる自立した市民に必要な知識、スキル、態度のあり方」などが強調されるようになっているという(9)。外国人を人権課題にした教育においてもこうした視点から人権教育を再構成する必要がある。つまり、批判的な思考力の育成や異文化の受容、他者との関係構築のスキル、さらには自立した市民の育成が人権教育の課題になっているのである(10)。

3. 外国人の子どもの課題と人権教育

人権教育の出発点は、まずは外国人の子どもがどのような課題を抱えているかを把握することである。外国人といっても多様であり、一つのカテゴリーに収まるものではない。特に、人権教育の視点からみると、学校でのいじめといった共通の問題と同時に、そのルーツや出身国ごとに固有の課題を抱えている。在日韓国・朝鮮人の子どもは、さまざまな社会的差別や民族差別を受けてきた歴史があり、民族性を配慮した教育、名前を尊ぶ教育、名前の尊厳を知る教育、本名を呼び・名のる教育、アジアを知る授業、アジアから日本をみる視点を持つなどの取り組みが行われてきたし、現在でもこうした課題は重要である。

1990年以降急増したブラジル、ペルーからの日系労働者の子どもは、非漢字文化圏であることから日本語の習得が難しい、そのため学習についていけない、学校や地域に居場所がない、不就学といった課題を抱えている。また、長期滞在や定住化に伴い子どもの日本語の習得が進む一方で、母語の喪失が進み親とのコミュニケーションが難しいといった問題が出てきている。

最近増加しているアジアの国からの子どもは、その多様化が著しい。単純労働、留学生、高度人材というようにその家族背景が多様である。しかし、共通しているのは生活習慣の違いから学校生活に適応できない、母語の多様さから学校での支援が追いつかず、学習についていけない、日本語の習得ができないといった問題を抱えている。また、高校進学希望者が多いが、日本語力が十分でないため高校に入れないといった問題もある。

国際結婚家庭の子どもも増加している。フィリピン、タイ、中国、韓国などアジアの女性と日本の男性との国際結婚、日本の女性と外国籍の男性との国際結婚が増加しているが、言語、生活習慣や育児様式の違い、離婚による在留資格の喪失などの問題を抱えている。こうした国際結婚家庭の子どもも家族内で使われる言語が日本語以外であることが多いため日本語力が十分でないといった問題を抱えている。

こうした実態を踏まえて、外国人を人権課題として学校でも人権教育が進められるようになり、実践の指針になるように多くの自治体で指導書などが作成されている。資料５－１は、２００８年以降（「人権教育の指導方法等の在り方について」の第三次とりまとめ以降）に各都道府県・政令指定都市教育委員会において作成（改訂含む）された指導教材、指導資料、研修教材、啓発資料、実践事例集などのなかで「外国人」について記載のあるものである。[11] 多くの都府県、政令指定都市で実践のための指導資料、指導教材などを作成していることがわかる。日本では、人権教育については、同和教育、在日韓国・朝鮮人教育などで貴重な実践と研究の蓄積があり、そうした実践を踏まえた内容になっているものが多い。

ただ、外国人を正面から取り上げた資料はまだ少ない。埼玉県の『新たな人権課題に対応した指導資料』は、サブタイトルに「外国人の人権」「性同一性障害をはじめとした性的マイノリティ」を掲げ、新たな人権課題に対応した指導を行うための教師用の指導資料となっている。

都道府県市名	種類	対象	タイトル	作成・改訂年度
奈良県	指導資料	教師	人権教育の手びき　第54集	2012年度
奈良県	指導教材	児童生徒	人権教育学習資料集「なかまとともに　小学校２」	2012年度
奈良県	指導資料	教師	指導資料集「なかまとともに　小学校２」	2012年度
奈良県	指導資料	教師	DVD教材「なかまとともに　小学校２」	2012年度
奈良県	指導教材	児童生徒	人権教育学習資料集「なかまとともに　中学校」	2013年度
奈良県	指導資料	教師	指導資料集「なかまとともに　中学校」	2013年度
奈良県	指導資料	教師	DVD教材「なかまとともに　中学校」	2013年度
奈良県	研修教材	教師	人権教育資料（初任者向け）	2016年度
奈良県	研修教材	教師	様々な差別の解消に向けた法整備から	2017年度
奈良県	指導資料	教師	人権教育の手びき　第59集	2017年度
鳥取県	実践事例集	教師	県立高等学校で平成28年度に実施された人権学習の実践事例集	2008年度作成2016年度改訂
徳島県	指導資料	教師	徳島県人権教育推進方針	2004年度作成2014年度改訂
香川県	指導資料	教師	人権・同和教育指導資料（小学校編）	2003年度作成2011年度改訂
香川県	指導資料	教師	人権・同和教育指導資料（中学校編）	2010年度
香川県	指導資料	教師	人権・同和教育指導資料参加体験型学習資料（高等学校編）	2008年度
香川県	指導資料	地域	社会教育における人権・同和教育資料（指導者用）	2010年度
愛媛県	指導資料	教師	えひめ人権の道しるべ（改訂版）	1998年度作成2014年度改訂
愛媛県	啓発資料	地域	多文化共生の時代～外国人の人権を考えよう～	2014年度
高知県	指導資料	教師	人権教育指導資料（学校教育編）Let's feelじんけん～気付きから行動へ～	2005年度作成2010年度改訂
高知県	実践事例集	教師	人権学習資料集【小学校編】	2012年度
高知県	実践事例集	教師	人権学習資料集【中学校編】	2014年度
高知県	実践事例集	教師	人権学習資料集【高校編】	2015年度
佐賀県	実践事例集	教師	人権・同和教育資料 第41集	2010年度
佐賀県	実践事例集	教師	人権・同和教育資料 第42集	2011年度
熊本県	指導資料	地域	各教科・領域における人権教育推進資料（平成24～27年度）	2011～2014年度
熊本県	啓発資料	地域	人権教育・啓発リーフレット	2015年度
大分県	指導資料	教師	大分県帰国・外国人児童生徒受入れマニュアル	2016年度
宮崎県	指導資料	教師	人権教育ハンドブック－中学校・高等学校編－	2008年度
宮崎県	指導教材	児童生徒	人権啓発資料ファミリーふれあい　中学生用	2001年度作成2016年度改訂
宮崎県	指導教材	児童生徒	人権啓発資料ファミリーふれあい　高校生用	2001年度作成2016年度改訂
鹿児島県	研修教材	教師	人権教育研修資料なくそう差別　築こう明るい社会～Mom!! 子どもの育ちを全力でつなぐ～	2017年度
さいたま市	指導資料	教師	改訂版　人権教育指導プラン〈教師用〉	2006年度作成2010年度改訂
さいたま市	啓発資料	教師	人権教育啓発資料「ひまわり」	2005年度作成2014年度改訂
横浜市	啓発資料	教師	人権教育ハンドブック	2015年度
横浜市	指導教材	児童生徒	見つめ　気づき　変わる（小学生用）　見つめ　気づき　変わる（中高校生用）	2007年度作成2016年度改訂
川崎市	指導資料	教師	かわさき外国人教育推進資料Q＆Aともに生きる～多文化共生の社会をめざして～	1986年度作成2015年度改訂
川崎市	実践事例集	教師	人権尊重教育実践集ひとりひとりがかがやくために	2003年度作成2017年度改訂
名古屋市	指導資料	教師	人権教育の手引き～みんなで学ぶ人権ワーク集～　実践編	2012年度作成2017年度改訂
名古屋市	指導資料	教師	学校における人権教育をすすめるために～実用編～	2014年度
京都市	指導資料	教師	《学校における》人権教育をすすめるにあたって	2002年度作成2009年度改訂
大阪市	研修教材	教師	新任教員のためのガイドブック	2012年度作成2017年度改訂
堺市	啓発資料	保護者	しあわせをめざして手をつなごうVol.40、41、42、50、51、52	2008、2009、2009、2015、2016、2017年度
堺市	指導資料	教師	堺版　人権教育教材集・資料集	2009年度作成2011年度改訂
神戸市	啓発資料	教師	人権教育資料	2202年度作成2017年度改訂
神戸市	指導教材	児童生徒	明日への飛翔	2017年度
神戸市	指導教材	児童生徒	あゆみ３	2010年度
岡山市	実践事例集	教師	人権尊重の精神に立った学校園づくり実践事例集①～③	2012～2014年度
北九州市	指導教材	児童生徒	人権教育教材集「新版　いのち」小学校１～３年生版、小学校４～６年生版、中学校版	2015年度
北九州市	指導資料	教師	人権教育教材集「新版　いのち」	2015年
福岡市	指導資料	教師	人権教育指導の手引き	2012年度作成2017年度改訂
福岡市	指導教材	児童生徒	福岡市人権読本「ぬくもり」	1992年度作成2017年度改訂
熊本市	指導資料	教師	じんけん6　じんけん8	2011年度、2013年度

資料5-1：外国人を人権課題にした人権教育の指導資料などの刊行

都道府県市名	種類	対象	タイトル	作成・改訂年度
岩手県	啓発資料	教師	人権啓発リーフレット	2016年度
茨城県	指導資料	地域	人権教育指導資料（第31集）	2008年度
茨城県	研修教材	教師	人権に関する学習の指導資料集	2009年度
茨城県	指導資料	地域	やってみよう！みんなで人権学習！	2012年度
栃木県	指導資料	その他	人権に関する文集「あすへのびる」	2016年度
栃木県	指導資料	児童生徒	とちぎの高校生	2017年度
埼玉県	指導資料	教師	人権教育資料「指導実践の手引」	2005年作成2009年改訂
埼玉県	指導資料	教師	人権感覚育成プログラム（学校教育編）	2007年度作成
埼玉県	指導資料	地域	人権感覚育成プログラム（社会教育編）	2008年度
埼玉県	その他	地域	埼玉県人権教育実施方針	2012年度
埼玉県	指導資料	教師	新たな人権課題に対応した指導資料	2016年度
埼玉県	指導資料	教師	人権教育実践報告会発表作文集	2016年度
千葉県	指導資料	教師	学校人権教育指導資料第29集～38集	2008年度～2017年度
東京都	指導資料	教師	教員人権教育プログラム（学校教育編）	2003年度作成、毎年刊行
神奈川県	指導資料	教師	人権教育実践事例・指導の手引き（高校編第13～15集）	2009年度、2014年度、2017年度
神奈川県	指導資料	教師	人権学習ワークシート集——人権教育実践のために　第12～15集（小・中学校編）	2008、2010、2013、2016年度
神奈川県	指導教材	その他	心みつめて　第5集、第6集	2008、2013年度
神奈川県	指導教材	地域	人権学習のための参加体験型学習プログラム集　2集	2011年度　2014年度
神奈川県	研修教材	教師	人権教育ハンドブック	2005年度作成2017年度改訂
新潟県	研修教材	教師	新潟県人権教育基本方針実践のための「教職員研修の手引き」	2014年度
富山県	指導資料	教師	人権教育指導のために（第29集　人権意識を高める指導）	2013年度
石川県	指導教材	児童生徒	人権教育副読本	1998年度作成2017度改訂
長野県	指導資料	教師	人権教育推進プラン、指導の手引き	2011年度
長野県	指導教材	教師	いまここから自分から2	2013年度
岐阜県	実践事例集	教師	人権教育指導資料	1966年度作成2017年度改訂
岐阜県	指導資料	教師	人権教育資料　ひびきあい	2004年度作成2017年度改訂
静岡県	指導資料	教師	静岡県人権教育の手引き	2002年度作成2017年度改訂
愛知県	実践事例集	教師	平成28年度人権教育研究紀要	2016年度
愛知県	研修教材	その他	平成29年度人権教育指導者研修会（中央研修会）	2017年度
愛知県	啓発資料	その他	平成28年度人権に関する学習をすすめるために	2016年度
三重県	指導資料	教師	人権学習指導資料——気づく つながる　つくりだす	2011年度
三重県	指導資料	教師	人権学習指導資料（小学校高学年）みんなのひろば	2015年度
三重県	指導資料	教師	人権学習指導資料（小学校低中学年）みんなのひろば	2016年度
滋賀県	実践事例集	教師	人権学習実践事例集	2007年度
滋賀県	実践事例集	教師	人権学習プログラム第4集	2008年度
京都府	指導資料	教師	人権学習資料集〈中学校編〉	2008年度
京都府	指導資料	教師	人権学習資料集〈高校編〉	2009年度
京都府	研修教材	教師	人権教育指導資料—2つのアプローチから改訂版	2010年度作成2015年度改訂
京都府	実践事例集	教師	人権学習実践事例集〈高等学校編〉	2013年度
京都府	研修教材	教師	教職員人権研修ハンドブック	2014年度
京都府	研修教材	教師	人権教育指導資料	2010年度作成2015年度改訂
京都府	指導資料	教師	人権学習資料集〈小学校編Ⅳ〉	2016年度
大阪府	指導資料	教師	互いに違いを認め合い、共に学ぶ学校を築いていくために——本名指導の手引き（資料編）	2005年度作成2013年度改訂
大阪府	指導教材	児童生徒	人権教育教材集・資料	2011年度作成2016年度改訂
兵庫県	指導教材	児童生徒	高校生用教育資料「HUMAN RIGHTS」及び活用の手引	2010年度
兵庫県	実践事例集	教師	人権感覚をはぐくむ指導方法研究事業報告集	2010年度
兵庫県	指導教材	児童生徒	幼稚園・小学校教育資料「ほほえみ」（幼稚園）（低学年用）及び活用の手引	2011年度
兵庫県	指導教材	児童生徒	小学校教育資料「ほほえみ」（中学年用）（高学年用）及び活用の手引	2012年度
兵庫県	指導教材	児童生徒	中学生用教育資料「きらめき」及び活用の手引	2013年度
兵庫県	研修教材	教師	校内研修資料「『ヘイトスピーチ』に対する正しい理解に向けて」	2014年度作成2017年度改訂
奈良県	指導資料	教師	人権教育の手びき　第53集	2011年度
奈良県	指導教材	児童生徒	人権教育学習資料集「なかまとともに　小学校1」	2011年度
奈良県	指導資料	教師	指導資料集「なかまとともに　小学校1」	2011年度
奈良県	指導資料	教師	DVD教材「なかまとともに　小学校1」	2011年度

大阪府では、『互いに違いを認め合い、共に学ぶ学校を築いていくために――本名指導の手引き（資料編）』を刊行し、本名を呼び、名のることができる環境づくりを促進するために、教職員が知っておくべき外国人児童生徒に関する教育活動や就学事務のもととなる基本的な制度や法律などを掲載している。兵庫県では、『「ヘイトスピーチ」に対する正しい理解に向けて』という校内研修資料を発行している。これは「すべての子どもたちに国籍や民族等の『違い』を認め合い、豊かに共生しようとする意欲や態度を育むなど、人権尊重を基盤に、多文化共生社会の実現をめざす教育を推進する」ことをねらったものである。この他、愛媛県では、啓発資料として『多文化共生の時代――外国人の人権を考えよう』を発行しているが、外国人の人権について施策の基本方針を示し、外国人の人権に関するQ&Aを掲載した内容である。大分県では、『大分県帰国・外国人児童生徒受入れマニュアル』を作成し、外国人の子どもの指導に役立てている。

政令指定都市では、川崎市が『かわさき外国人教育推進資料Q&Aともに生きる～多文化共生の社会をめざして～』という教師の指導書と『人権尊重教育実践集ひとりひとりがかがやくために』という実践事例集を発行している。このように、2008年以降、各自治体では「外国人」を対象にした人権教育が進められてきたことがわかる。

また、こうした資料には人権教育を進める枠組みを明確にしている例が多い。

この人権教育の枠組みは、平沢によれば「人権教育に関わる海外の理論的枠組みを参照しながら1990年代半ば頃に大阪の人権教育研究者たちが独自に作り出したもの」であるという。

自治体が発行している多くの資料集のなかにもこの枠組みで人権課題が整理されている。(12)

①人権としての教育（education as human rights）

教育を受ける権利を保障する教育のことであり、学習権の保障、基礎学力の定着、進路保障などが主題になる。

②人権についての教育（education on or about human rights）

人権の内容について学ぶ教育で、具体的な人権問題についての学習をとおして人権問題を自らの課題として解決し、人権を尊重する社会を築いていこうとする意欲と実践力を育てることを目指す。

③人権を通じての教育（education in or through human rights）

人権が尊重される環境で行われる教育で、学習集団づくりや教師の人権感覚が欠かせないものとなる。

④人権のための教育（education for human rights）

人権を尊重するための力を育てる教育のことであり、具体的には自尊感情、コミュニケーション能力、規範意識などを育成することである。

これは、外国人の子どもの教育を人権の視点から整理する上でも示唆に富む。第一の「人権としての教育」は、教育機会の保障、日本語の保障、将来展望を持てるようにすることなどがあげられる。第二の「人権についての教育」は、外国人の人権について学ぶこと、共感性などの人権感覚を育成することなどが課題になる。第三の「人権を通じた教育」は、外国人が安心して学べる環境をつくることなどが課題になる。そして、第四の「人権のための教育」は、具体的には豊かな人権文化をつくる資質・能力を育成することが課題になる。

外国人を核にした人権教育の具体的な課題はこのように整理できるが、実際の教育はどのように進められているか、私自身が現場で感じたことも踏まえて考えてみたい。

4. 外国人の子どもの人権教育の現状と課題

外国人の子どもの人権教育の現状からみていく。第一に人権教育の実践に関わり強く感じたことは「差別はいけない」「人権を尊重する」といったように、理想主義のもとで抽象的に進められている例が多いという点である。そのことで具体的な実践目標に結びつかないという問題である。学校や教育委員会からの依頼で外国人に関する人権教育について話をする機会があるが、多くの学校、教師から具体の進め方がわかりにくいという声をよく聞く。その理由として、目の前にいる子どもの現実に即した具体的で、個別的な実践へと向かっていかないということがあげられる。差別を受けている目の前の子どもを直接対象にすることが教育現場では難しいことがわかった。つまり、人権教育が十分に進展しない学校では、その学校の当事者の子どもを取り上げることで、その子どもの立場が危うくなってしまうという問題である。このため、抽象度を高めた実践になってしまい、人権教育の重要性はわかるが具体的に何をするかわからないという状況を生み出している。学校の人権教育を進めるには具体の目標を明確にすることが課題になる。

第二は、外国人に対する差別の問題を扱うときに、どうしても教師の思いが強く、子どもの問題意識とかけ離れてしまうことが多い。この点、在日韓国・朝鮮人を対象にした教育実践を行っている梅田は、子どもにとって差別の問題が自分の内面に返っていかないという問題を指摘している。「子ども達は、『差別』の問題を真剣に考え子どもたちの鋭い感性で真実に迫っていく。しかし、同時に子ども達は差別の外側にたって批判したり、『自分』は差別をしないし、しないだろう存在として位置づけてしまう。自分を含めて、『人は誰でも差別をする立場になる可能性がある』という事に対する気づきが少なかった」という点である(13)。大変重要な指摘であり、差別の問題を人ごとではなく自分の問題として考えられるようにすることが、人権意識を育てる上では欠かせないが、それが難しいということである。

第三は、外国人の子どもと日本の子どもとの違いだけを強調するという問題である。学校では、「ブラジル理解」「中国理解」といった異文化理解のための教育や交流活動が行われているが、すでに指摘したように日本の子どもの異文化理解教育の手段として活用されている例が多い。外国人の子どもの「異文化性」を過度に強調し、「外国人対日本人」という二項対立の図式のなかで外国人の子どもをとらえているため、「外国人」という枠だけが浮かびあがり、差異が強調されてしまう。このことが文化のステレオタイプを助長するという問題につながる。

子どもたちのエスニシティを重視することは大切だが、それを重視するあまり、典型的で固定的な文化を教材化し、恣意的につくりあげた文化という枠に子どもを押し込んでしまうという問題がある。文化をどのように教材化し、子どもたちに提示するかが重要になる。

第四は、差別に関わる権力性に対して無自覚であるという問題である。前の章で「特権」について述べたが、日本人ということで付与されている優位性のことである。この優位性をもとに、「理解する」「支援する」といった発想では、権力的な関係を変えることはできない。人権教育は、権力関係や現実の差別・偏見を軽視したり、無視したりするものであればそれは空疎なものなってしまう。その意味で、人権教育は、社会的に優位な立場の人が自らの「特権」に気づき、それを踏まえた取り組みが必要であり、そのためにも差別の権力的な構造を科学的な知識をもとに解きほぐしていくような学習が必要になる。

では、外国人の子どもの教育を人権教育として進めるにはどのような視点が必要かを考えてみよう。第一は、外国人に対する偏見差別があり、その偏見差別が人権侵害につながることをしっかりと認識することである。社会のあらゆる領域で外国人の差別があり、それが外国人の人権を侵害しているという現実から出発することである。それは、単に差別はいけないといった規範的な教育ではなく、差別の現実に向き合いしっかり学習していくこと、また、与えられた知識を鵜呑みにするのではなく、自分なりの判断・評価基準をつくるという批判的思考力を育成することが課題である。

第二は異文化理解や交流だけにとどまらせないということである。外国人の人権教育は、異文化理解の取り組みや交流を中心とした活動に終始する傾向があるが、そうした活動は興味関心を持つことだけではなく、お互いにもっとわかり合いたいという相互理解を深めるようなものとして位置づける必要がある。しかも、歴史的、制度的、社会的な問題とも関連づけることである。外国人がなぜ日本にいるのか、母国と日本との経済格差など母国の送り出しの要因、日本が外国人労働者を必要とする要因などと関連づけて理解していくことである。例えば、外国人技能実習生についての問題を告発するだけでなく、日本の経済構造との関連や制度や法律などとの関わりで現在の状況をとらえていくことである。こうした学びの連続性を持たせるには人権教育を学校全体のカリキュラムにどう位置づけていくかが課題になる。単発的な交流や学習に終わるのではなく、教科などと関連づけていくことで子どもの学習に連続性を持たせることができるようになる。

第三は、外国人のエンパワーメントを高めるための取り組みである。エンパワーメントとは人権教育の重要なキーワードであり、「差別や抑圧、あるいは社会の否定的なまなざしにさらされることによって、本来持っている力をそのまま出すことができず、いわば力を奪われた状態にある人が、その抑圧された力を生き生きと発揮することで、能動的に自己実現や社会参加に向かっていくプロセス」[14]を指す。そのためには、外国人が安心して学校生活を送ることができる環境をつくること、子どもたちの学習を保障することなどが必要になる。１章で、カミンズの「エンパワーメント」教育について紹介したが[15]、これは学校や教師が「力を共に創り出す」必要があるということである。

一つの実践を取り上げてみよう。つくば市立並木小学校では、「知ってもらおう ぼくたちのフィリピン」という取り組みを行っている(16)。これは、「フィリピンについて興味をもって進んで調べ、伝えたい内容について文章にし、発表活動を通して人にわかりやすく伝える力を身につける」というものである。フィリピン出身の子どもが、フィリピンについて調べ、発表する内容を考える、日本語で発表の原稿をつくる、クイズ、招待状をつくる、日本語で人にわかりやすく伝えるように発表の練習をする、1年生を招待し発表会をするといった活動が行われている。同様に、自分が母国で暮らしていた町やそこでの生活の様子について、わからない単語は辞書で調べて他国出身の子どもに日本語で発表するといった取り組みや、あるトピックについてグループで協力しながら、スマートフォンなどを活用した調べ学習をして模造紙にまとめるといった取り組みである。これは、外国人の子どものエンパワーメントを高める取り組みの例である。

第四は、学校で人権教育を進めるには、他の人権課題とつなげていくことが必要である。ダイバーシティということが注目されているが、それは社会の価値観が多様であることを認識し、その違いをお互いに認め合うことである。性別、年齢、国籍、人種、民族、文化、宗教、障害、性的少数者であることなどを理由とする差別がないことはもとより、これらの違いを認め合う社会をつくりあげていくことが課題になっている。外国人の人権という枠にとどめずに、他の人権課題とつなぐことで人権学習を深めることができる。こうした実践の一つとして「ヒューマンライブラリー」に注目してみたい。これは、2000年にデンマークのNGOが北欧の音楽祭で始めた偏見低減を目指す取り組みである。障害者、ホームレス、性的少数派者、薬物依存症の人、外国人就労者など、社会で偏見にさらされることの多い人が、自らの意志で「本」となり、来場した「読者」と対話をし、人生の物語を語る取り組みである。いまでは世界90カ国以上で開催されており、日本でも展開されるようになっている。日本の「ヒューマンライブラリー」の特徴として、第一に「障害者や生きにくさを抱えた人などの身近な異文化を生きる人への近づきやすさを演出している」こと、第二に「生きた本との対話が大きな他者理解をもたらす、偏見の低減や異文化（他者）理解効果の大きさ」、そして第三に「生きた本自身の自己物語の開示が生み出すナラティブのセラピー効果」などがあげられている[17]。「ヒューマンライブラリー」は、社会の多様化が急速に進むなかで、人権課題を総合的、包括的に取り込んだ実践であるという点に特徴がある。この方法や実践から学ぶ点が多いが、現時点では大学生や社会人などが主な対象であり、小中学校でどのように実践できるかを今後検討していく必要がある。

5. 人権教育の実践の視点

人権教育の実践をどのように進めるかを学校の実践例から考えてみよう。文部科学省の「人権教育研究指定校」であった福岡県豊前市立八屋小学校の2012〜2013年度の取り組みである[18]。この実践の背景として、「豊前・築上地区に在留する外国の人々も少しずつ増加する傾向にあり、市内でも様々な外国の人々と接する機会が増えつつある。また、本校においても外国籍を有する保護者がいることから、『外国人の人権と異文化』の理解を深める取組を全校で進めていく必要がある」ためと記されている。そこで、「外国人の人権と異文化の理解」を研究課題として、その目標に「外国の人々に対する偏見や差別意識を解消し、外国の人々のもつ文化や多様性を受け入れ、国際的視野に立って一人一人の人権を尊重していくこと」とされている。全体の研究構想は資料5－2のようになっている。

この学校の取り組みの特徴は、地域や学校の実態をもとに、外国人を人権課題にして教育に取り組んでいる点、そして、子どもにどのような力をつけるかを知識的側面、価値的・態度的側面、技能的側面の三つから明確にしている点にある。また、「差別はいけない」「自分は差別をしない」といったことを避けるために、体験活動や道徳の時間で「感じる・気づく段階」「考える・実感する段階」「行動する段階」というような段階を踏んだ授業になっており、子どもも自身が「感じる・気づく」→「考える・実感する」→「行動する」といった主体的・実践的な学習を展開している。学習展開Ⅰとして外国の人々との交流活動→道徳の時間の学習（体験活動先行型）、学習展開Ⅱとして道徳の時間の学習→外国の人々との交流活動（道徳先行型）の取り組みを行っている。具体的には、総合的な学習の時間で外国人留学生との交流活動を行い、次に、道徳の時間で、「ガイジンとよばないで」（日本標準）という教材で外国人に対する偏見や差別の問題を学習している。

外国人の数が少ない地域の学校の実践だが、留学生との交流から「ガイジンとよばないで」

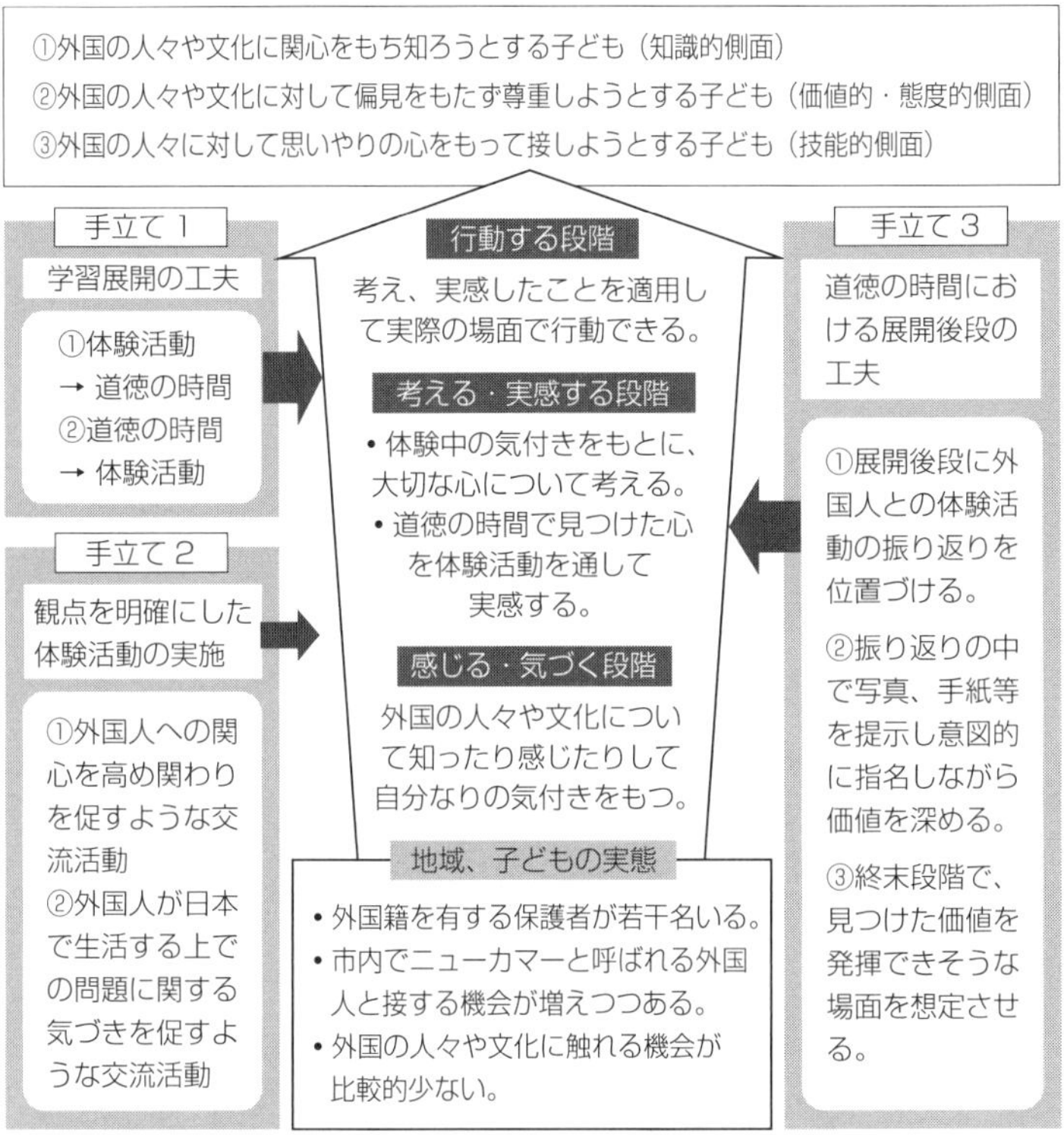
①外国の人々や文化に関心をもち知ろうとする子ども（知識的側面）
②外国の人々や文化に対して偏見をもたず尊重しようとする子ども（価値的・態度的側面）
③外国の人々に対して思いやりの心をもって接しようとする子ども（技能的側面）
手立て１
学習展開の工夫
①体験活動
→ 道徳の時間
②道徳の時間
→ 体験活動
手立て２
観点を明確にした体験活動の実施
①外国人への関心を高め関わりを促すような交流活動
②外国人が日本で生活する上での問題に関する気づきを促すような交流活動
行動する段階
考え、実感したことを適用して実際の場面で行動できる。
考える・実感する段階
• 体験中の気付きをもとに、大切な心について考える。
• 道徳の時間で見つけた心を体験活動を通して実感する。
感じる・気づく段階
外国の人々や文化について知ったり感じたりして自分なりの気付きをもつ。
地域、子どもの実態
• 外国籍を有する保護者が若干名いる。
• 市内でニューカマーと呼ばれる外国人と接する機会が増えつつある。
• 外国の人々や文化に触れる機会が比較的少ない。
手立て３
道徳の時間における展開後段の工夫
①展開後段に外国人との体験活動の振り返りを位置づける。
②振り返りの中で写真、手紙等を提示し意図的に指名しながら価値を深める。
③終末段階で、見つけた価値を発揮できそうな場面を想定させる。

資料5-2：豊前市立八屋小学校の研究構想

出典：文部科学省の人権教育に関する特色ある実践事例に掲載されている豊前市立八屋小学校の報告書より

といったテーマを道徳で取り上げ、なぜ「ガイジン」といわれることが嫌なのか、当事者の視点に立って考えながら共感性を育成しようとしている。この取り組みの課題として、「本校で取り上げることのできた外国の人々に関する人権問題は、日常生活レベルのものとなってしまった。これは、外国の人々に対する差別や偏見といった切実な課題を、子供の身近な生活の中から導き出せなかった」と分析している。

こうした実践から学べる点は、人権教育が「日本人」と「外国人」という境界をいかに引き直すか、その境界に気づき、それをずらしていくということである。「ガイジンとよばないで」ということを子ども自身に考えさせる授業は、差別を認識すること（「感じる・気づく段階」）、その差別を問題化し自分の課題として位置づけること（「考える・実感する段階」）、そして差別を解消・低減するための行動を起こしていくこと（「行動する段階」）という段階を辿ることで可能になる。この実践では最終の「行動する段階」まで行きつかないし、「考える・実感する段階」でも教師が想定する正解や価値に収斂し、子どもの考えをいわば閉じてしまうという問題があるように思う。子ども自身が、外国人の差別や人権について、さらには子ども自身の人権について考え続けるということも大切である。人権教育でアクティブラーニングが重視されるのは、いわば正解のない課題を考えていく力をつけることが必要なためである。いろいろな考えがあっただけでは学びの深まりはみられない。

森らは、「深い学び」につなげるために「脱学習」（unlearn）を提案している。人種差別や民族差別などの「否定的な態度や信念・考え方は、意識的・無意識的に、家庭・学校・マスメディアなどを通して」教えられるが、「権力をもつ強者から教えられるこれらのことを子どもたちは学習し、内面化しやすい。こうして身についた、ある集団に対する差別意識を自覚し、それを相対化してぬぐい去ること」を「脱学習」と呼んでいる。つまり、自分にとって、「当たり前」だと思うことが決して「当たり前」でないことに気づき、自らそれをぬぐい去っていく努力が必要だと指摘している。そのためには、「より正確で偏見のない情報を提供され、自分自身や他者を変える力が自分にあると確信できるような支援」が必要になる[19]。このことは、批判的思考力の育成という課題につながる。

また、すでに述べたようにこれから人権教育を進めていく上では、固有の人権課題を学習することと同時に、人権課題をクロスさせていく必要がある。民族差別や外国人差別には敏感だが、ジェンダーについては無頓着であり、あるいは障害者差別には関心を持つが、ＬＧＢＴＱについては差別を持ち続けたりする――ということはよく指摘される。ダイバーシティを軸に、人権教育に総合的に取り組んでいくことで、こうした問題を克服していくことも必要である。外国人とジェンダー、外国人と障害者などの課題をクロスさせることでよりリアリティが増してくる。

人権教育は、新しい社会づくりを目指すことも視野に入っているが、そのためには差別や抑圧を単に個人のレベルで問題にするのではなく、社会のあり方を問い続け、しかもその改革や変革にコミットし続ける人間を育成することが課題になる。

注

（1）法務省技能実習制度の運用に関するプロジェクトチーム（2019）『調査・検討結果報告書』、詳細は下記を参照。http://www.moj.go.jp/content/001290916.pdf

（2）アメリカ大使館のHP、詳細は下記を参照。https://jp.usembassy.gov/ja/tip-2018-ja/

（3）人権教育啓発推進センター（2017）『外国人住民調査報告書——訂正版』 http://www.moj.go.jp/content/001226182.pdf#search=%27%E4%BA%BA%E6%A8%A9%E6%95%99%E8%82%B2%E5%95%93%E7%99%BA%E6%8E%A8%E9%80%B2%E3%82%BB%E3%83%B3%E3%82%BF%E3%83%BC%E3%80%8C%E5%A4%96%E5%9B%BD%E4%BA%BA%E4%BD%8F%E6%B0%91%E8%AA%BF%E6%9F%BB%E5%A0%B1%E5%91%8A%E6%9B%B8%E3%80%8D+%E8%AA%BF%E6%9F%BB%27

（4）川崎市（2015）『川崎市外国人市民意識実態調査報告書』、51頁。http://www.city.kawasaki.jp/250/page/0000066982.html

（5）川崎市（2016）『川崎市外国人市民意識実態調査（インタビュー調査）報告書』、40～41頁。http://www.city.kawasaki.jp/250/cmsfiles/contents/0000076/76253/interviewhoukokusho.pdf

（6）外務省の下記のURLを参照。https://www.mofa.go.jp/mofaj/gaiko/jinken/kyoiku/index.html

（7）法務省の「人権教育・啓発に関する基本計画」を参照。http://www.moj.go.jp/content/000073061.pdf

（8）文部科学省（2008）『人権教育の指導方法等の在り方について［第三次とりまとめ］』、詳細は下記を参照。http://www.mext.go.jp/b_menu/shingi/chousa/shotou/024/report/08041404.htm

（9）平沢安政（2000）「人権問題のグローバリゼーション」日本教育社会学会編『教育社会学研究』第66集、東洋館出版、57～64頁

（10）こうした視点は、国連の人権教育のための世界プログラムの第四段階にも明確にあらわれている。特に、「2030年までに、持続可能な開発のための教育及び持続可能なライフスタイル、人権、男女の平等、平和及び非暴力的文化の推進、グローバル・シティズンシップ、文化的多様性と文化の持続可能な開発への貢献

を理解する教育を通して、すべての学習者が、持続可能な開発を促進するために必要な知識及び技能を習得できるようにする」ことを掲げている。

（11）国でも新しい人権教育の方向性を模索するため、「学校教育における人権教育調査研究協力者会議」を立ち上げ、今後の課題を検討している。資料５－１はそこで示された資料をもとに作成したものである。

（12）平沢安政（２０１１）「これからの人権教育の創造にむけて」平沢安政編『人権教育と市民力』解放出版社、19～24頁。なお、奈良県、高知県、鳥取県、京都市などの資料は、人権教育をこの四つの側面から整理している。

（13）梅田比奈子（２０００）「在日韓国・朝鮮人児童とともに生きるために」日本社会科教育学会編『社会科教育研究』No.84、日本社会科教育学会、23～31頁

（14）部落解放・人権研究所編（２０００）『子どものエンパワーメントと教育』解放出版社、11頁

（15）ジム・カミンズ（中島和子訳）（２０１１）『言語マイノリティを支える教育』慶應義塾大学出版会、35～38頁

（16）この事例は、文部科学省「外国人の人権尊重に関する実践事例について」を参照した。詳細は下記を参照。http://www.mext.go.jp/component/a_menu/education/micro_detail/__icsFiles/afieldfile/2017/03/31/1384044_005.pdf

（17）坪井健「自己と他者の関係性の再構築」坪井健・横田雅弘・工藤和宏編著（２０１８）『ヒューマンライブラリー――多様性を育む「人を貸し出す図書館」の実践と研究』明石書店、２９５～２９６頁

（18）福岡県豊前市立八屋小学校の実践については下記を参照。http://www.mext.go.jp/component/a_menu/education/micro_detail/__icsFiles/afieldfile/2016/06/10/1372206_041.pdf

（19）大阪多様性ネットワーク・森実編著（２０１４）『多様性の学級づくり』解放出版社、１０８～１０９頁

第6章

海外で学ぶ日本の子ども

ここでは海外で学ぶ日本の子どもについて取り上げる。30年以上にわたり海外に住む子どもとその教育に関心を持ち、海外の学校を訪問するとともに、アメリカを中心にフィールドワークを行ってきた。海外に住む子どもたちが多様化するとともに、その教育はこれまでのように日本の教育の延長上に位置づけることが難しくなっている。ここでは、海外の補習授業校に通う子どもに焦点をあてて、当事者が補習授業校をどのように位置づけているかを把握し、その上で今後の補習授業校のあり方について考えてみたい。

1. 海外の子どもの就学形態

海外に住む日本の子どもたちの教育を概観してみよう。ここ10年間の推移をみると海外で学ぶ日本人の子どもは増加し続けている。表6－1に示すように、2000年には約5万人弱、2008年には約6万人だったのが、2018年には約8万4000人に達している。海外に住む日本の子どもたちの就学形態は、全日制の日本人学校か、現地の学校あるいはインターナショナル・スクールかに二分される。後者の場合、週末を利用し日本の国語や算数・数学などの授業を受ける補習授業校に通っている子どももいる。日本人学校では、日本から派遣された教師により、日本語でほぼ日本の教科書にそって日本国内の学校と同じような教育が行われている。2018年時点で日本人学校は89校、補習授業校は221校あるが、就学人数をみると、日本人学校は約1万9000人（23％）、補習授業校2万2000人（26・2％）、現地校・イン

表6-1：海外に住む子どもの就学形態別の数

年	小学部			中学部			合計
	日本人学校	補習授業校	現地・国際校	日本人学校	補習授業校	現地・国際校	
2000	12,882	13,307	11,170	3,817	3,985	4,302	49,463
2008	15,017	13,159	17,987	4,323	3,595	7,171	61,252
2009	14,451	13,190	18,401	4,241	3,492	7,713	61,488
2010	14,089	13,194	22,255	4,046	3,281	10,457	67,322
2011	14,753	13,269	19,928	4,163	3,308	9,529	64,950
2012	15,776	13,749	19,921	4,454	3,527	9,548	66,960
2013	16,257	14,351	21,282	4,621	3,648	11,469	71,628
2014	16,291	15,200	23,899	4,736	3,783	12,627	76,536
2015	16,104	16,003	24,991	4,511	3,891	12,812	78,312
2016	15,688	16,628	25,911	4,313	4,054	12,657	79,251
2017	15,627	17,275	27,362	4,132	4,183	13,992	82,571
2018	15,450	17,700	28,355	3,968	4,351	14,429	84,253

出典：2000～2017年までは外務省在留邦人子女数調査、2018年については海外子女教育振興財団の調査

ターナショナルスクール（国際学校）が4万3000人（50・8%）となっている。海外の子どもの就学形態は、日本人学校に通う子どもが年々減少し、現地校やインターナショナル・スクールのみに通う子どもが増加している。

この就学形態は表6－2に示すように地域間で大きな差がみられる。2018年4月時点でアジア地域では全体の45・6%が日本人学校の就学者であり、北米では補習授業校の就学者が55%になっている。その他の地域でも全体的に日本人学校の就学者は少なく、中南米30・5%、中東27・5%、欧州14・6%などとなっている。北米地域（アメリカとカナダ）では、約98%が現地校に就学し

表6-2：地域別・就学形態別の子どもの数（2018年4月）

地域	日本人学校	補習授業校	その他	合計
アジア	15,433	1,638	16,797	33,868
大洋州	112	977	1,823	2,912
北米	371	14,350	11,380	26,101
中南米	539	244	986	1,769
欧州	2,586	4,637	10,547	17,770
中東	296	130	650	1,076
アフリカ	81	156	601	757

出典：海外子女教育振興財団の調査

ている。

補習授業校は北米に多く、北米では日本人学校就学者は400人弱で2％にすぎず、残りの約2万5000人は現地校に就学しており、そのうちの55％の子どもが補習授業校にも就学している。

アメリカに勤務する日本人の多くは、子どもに英語を習得させたいために現地校に通わせる例が多い。アメリカの大都市には、海外勤務者をはじめとした長期に滞在する日本人の他に、アメリカの永住権を持つ人も多い。外務省の「海外在留邦人数統計」（2017年）によると、アメリカには42万6206人の在留邦人がおり、そのうち永住権を持つ日本人は19万2766人となっている[1]。また、文部科学省の報告では補習授業校全体で「保護者のいずれかまたは両方とも外国人」という国際結婚家庭の子どもが44・1％いる[2]。補習授業校の子どもの背景の多様化が進行していることがわかる。

しかし、補習授業校全体ではこうした永住者や国際結婚家庭の子どもの比率がどの程度いるか、そうした子どもたちは補習授業校をなぜ選択したか、そして補習授業校をどのように位置づけているかなどについてはまだ十分にとらえられていない。補習授業校は永住者や国際結婚家庭の子どもの増加とともに、「日本語力」に応じた国語の習熟度別の授業や「日本語」の授業を導入している学校も出てきているが、はたしてそうした対応がニーズに合ったものかどうかも検討を要する。

ここでは、まずはアメリカの補習授業校に通っている子どもの実態からみていく。補習授業校に通う子どもたちの属性、その進路選択や職業選択の希望、補習授業校の位置づけなどについてみていく。

2. 補習授業校に通う子どもたち

海外子女教育振興財団が実施した、アメリカの補習授業校49校に通う小学5年生から高校３年生の５４１７名（内有効回答者数３８２６名）を対象にした「補習授業校児童生徒の学習状況調査」結果から、子どもたちの実態についてみていく[3]。

図６－１に示すように、「あなたの生まれた国はどこですか」という質問では、「日本生まれ」が51・9％、「日本以外の生まれ」が48・1％という結果である。「これまでにアメリカ以外の国に住んだことがありますか」という質問では、「ない」という回答が61・2％に達する。「あなたはこれまで日本に住んだことがありますか（短期間の一時帰国を含む）」という質問では「ある」が65・1％、という結果である。「一番得意な言葉は何ですか」を質問したところ「英

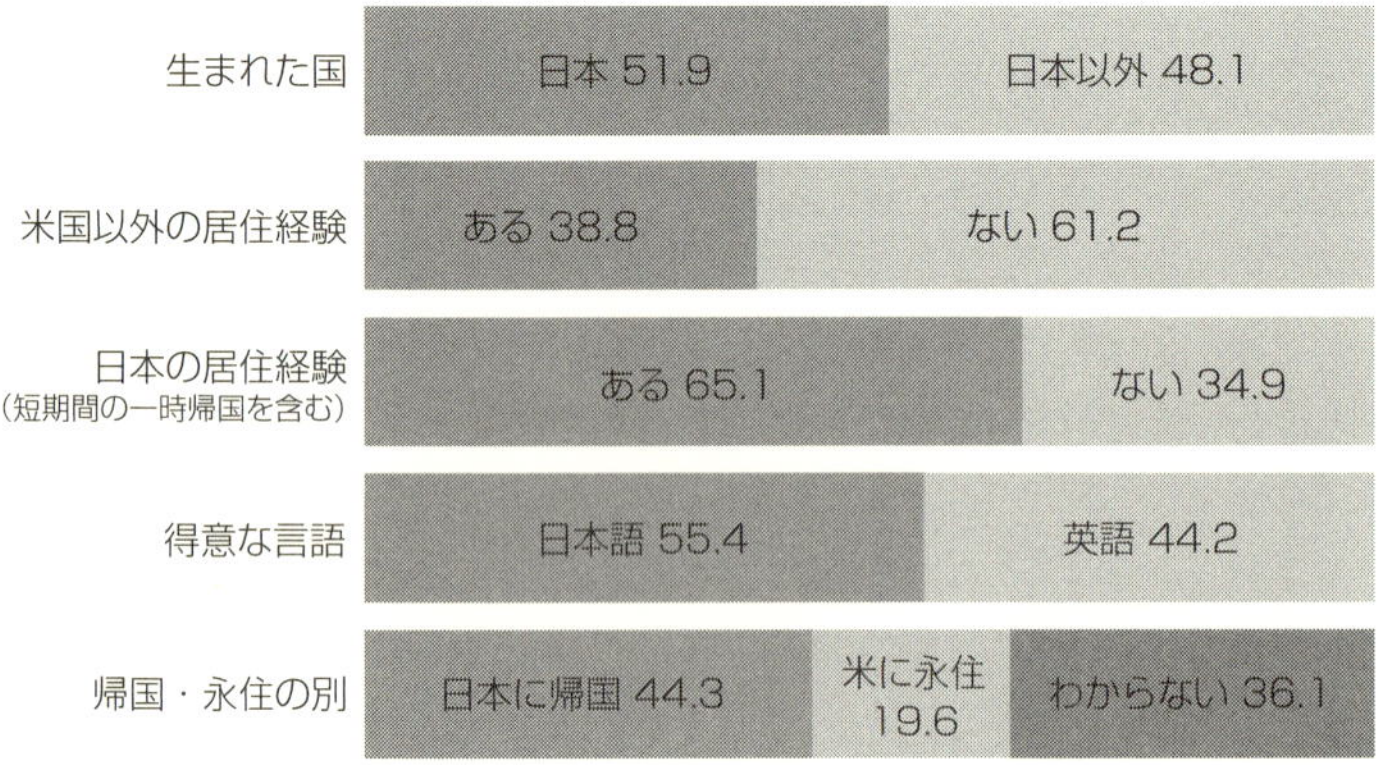

図6-1：補習授業校に通う子どもたちの属性

出典：海外子女教育振興財団「補習授業校児童生徒の学習状況調査等報告書」

語」が44・2%だった。

また、「将来的に日本に帰国する予定ですか、それともアメリカにずっと住む予定ですか」を質問したところ、「日本に帰国予定」が44・3%、「アメリカにずっと住む予定」が19・6%、「わからない」が36・1%という結果であった。

「将来、日本で仕事をしたいか」どうかを質問したところ、表6－3に示すように、「当てはまる」が32・6%、「どちらかといえば当てはまる」が29・4%という結果だった。「将来、日本以外の国で仕事がしたい」かどうかを質問したところ、表6－4に示すように「当てはまる」が27・1%、「どちらかといえば当てはまる」が36・5%という結果であり、日本以外の国で仕事をしたいという回答が64%になる。この結果を日本に帰国予定か、アメリカに永住予定かの項目とクロスした結果をみると、「将来、日本で仕事をしたいか」という項目では、「日本に帰国予定」の子どもの55・6%

表6-3：将来、日本で仕事がしたい

	当てはまる	どちらかといえば当てはまる	どちらかといえば当てはまらない	当てはまらない
全体	32.6	29.4	25.8	12.3
日本に帰国予定	55.6	28.3	11.2	4.5
米に永住予定	6.1	17.3	43.1	32.7
わからない	18.0	37.0	33.6	10.4

出典：海外子女教育振興財団「補習授業校児童生徒の学習状況調査等報告書」

表6-4：将来、日本以外の国で仕事がしたい

	当てはまる	どちらかといえば当てはまる	どちらかといえば当てはまらない	当てはまらない
全体	27.1	36.5	21.3	15.2
日本に帰国予定	16.4	28.5	27.9	26.9
米に永住予定	49.7	35.8	9.7	4.2
わからない	27.1	46.1	19.4	6.8

出典：海外子女教育振興財団「補習授業校児童生徒の学習状況調査等報告書」

が日本で仕事をしたいと回答している。「アメリカに永住予定」の子どもの数は6・1％にとどまる。また、「将来、日本以外の国で仕事がしたい」という項目では、「日本に帰国予定」の子どもは16・4％、「アメリカに永住予定」の子どもは49・7％という結果であった。

中学生に卒業後の進路の予定を質問したところ、図6－2に示すように「日本の高校に進学する」が25・9％、「現地の高校に進学する」が66・8％、「インターナショナル・スクールに進学する」が1・5％、「その他」が5・8％というように、3分の2が「現地の高校に進学する」と回答している。これを学年別にみると、「日本の高校に進学」という項目は、中1が33・2％、中2が24・9％、中3が14・4％という結果であった。「アメ

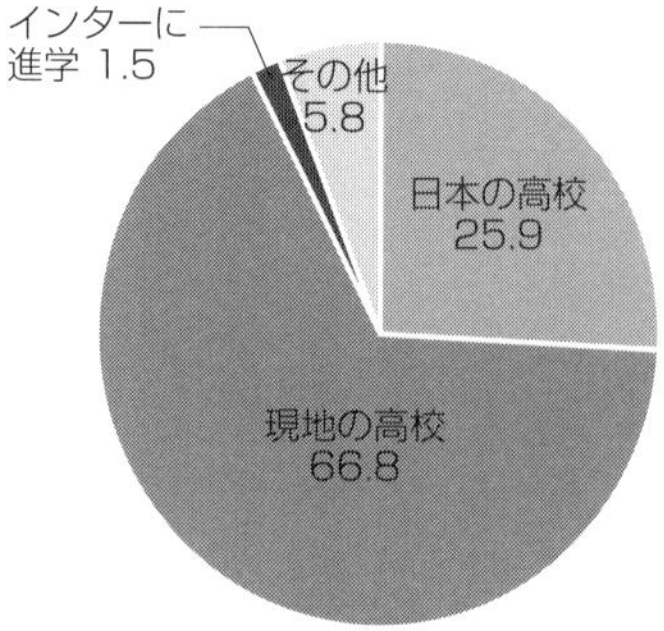

図6-2：中学卒業後の進路

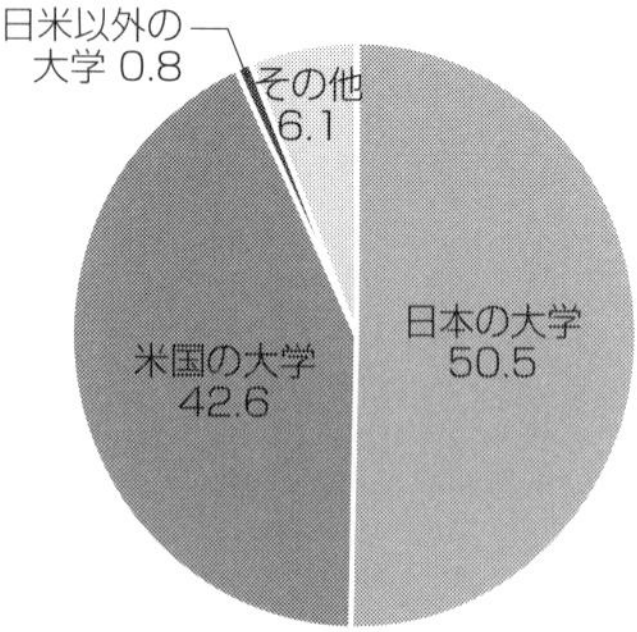

図6-3：高校卒業後の進路

出典：海外子女教育振興財団「補習授業校児童生徒の学習状況調査等報告書」

リカの高校に進学」を希望する生徒は中1が60・3％、中2が67・2％、中3が77・8％という結果になっており、学年が上がるにつれて「現地の高校に進学する」という生徒が多くなっている。また、「帰国・永住予定別」に結果をみると、「日本に帰国予定」の生徒は、「日本の高校に進学」が56・0％、「現地の高校に進学」が37・3％という結果であり、「アメリカに永住予定」の生徒では、「現地の高校に進学」が95・5％に達する。

高校生にも同様に卒業後の進路を質問したところ、図6－3に示すように「日本の大学」が50・5％、「アメリカの大学」が42・6％、「日米以外の大学」が0・8％、「その他」が6・1％という結果だった。学年別に結果をみると、「日本の大学に進学」という項目は、高1が56・2％、高2が45・3％、高3が35・1％という結果であった。「アメリカの大学に進学」を希望する生徒は高1が35・1％、高2が49・1％、そして高3が53・8％という結果になっており、学年が上がるにつれ「アメリカの大学に進学を希望する」生徒が多くなっている。また、「帰国・永住予定別」に結果をみると、「日本に帰国予定」の生徒は、「日本の大学に進学」が90・5％、「アメリカの大学に進学」が7・9％という結果であり、「アメリカに永住予定」の生徒では、「アメリカの大学に進学」が96・8％に達する。

以上の結果からみえることは、補習授業校の子どもの半数は、日本以外で生まれ（多くがアメリカで生まれ）、得意な言葉も英語であり、3分の2の中学生が現地の高校に進学を希望しており、高校生では半数がアメリカの大学への進学を考えている。もちろん、補習授業校に通う子どもの層がアメリカに住む子どもの全体像をそのまま反映しているとはいい難いが、明らかに、日本への帰国を前提としない子どもが多く在籍していることがわかる。

では、子どもたちは補習授業校をどのようにとらえているかについて、8項目にわたり質問してみた。図6－4は、いずれも「そう思う」「どちらかといえばそう思う」と回答した比率を示したものである。「補習授業校に行くのが楽しみだ」は34・6％が「そう思う」と回答している。ただ、「そう思わない」という回答も10・6％に達する。「友達に会うのは楽しい」は79・5％、「好きな授業がある」は43・9％、「あなたの学級（クラス）では、（学級会などの時間に）お友達同士で話し合って学級のきまりなどを決めていると思う」は22・7％、「（学級会などの話し合いの活動で）自分とは異なる意見や少数派のよさを生かしたり、折り合いをつけたりして話し合い、意見をまとめているか」は22・0％、「学級（クラス）みんなで協力して何かをやり遂げ、うれしかったことがある」は43・4％、「先生は、あなたのよいところを認めてくれていると思う」は47・8％、「先生は、授業やテストで間違えたところや、理解していないところに

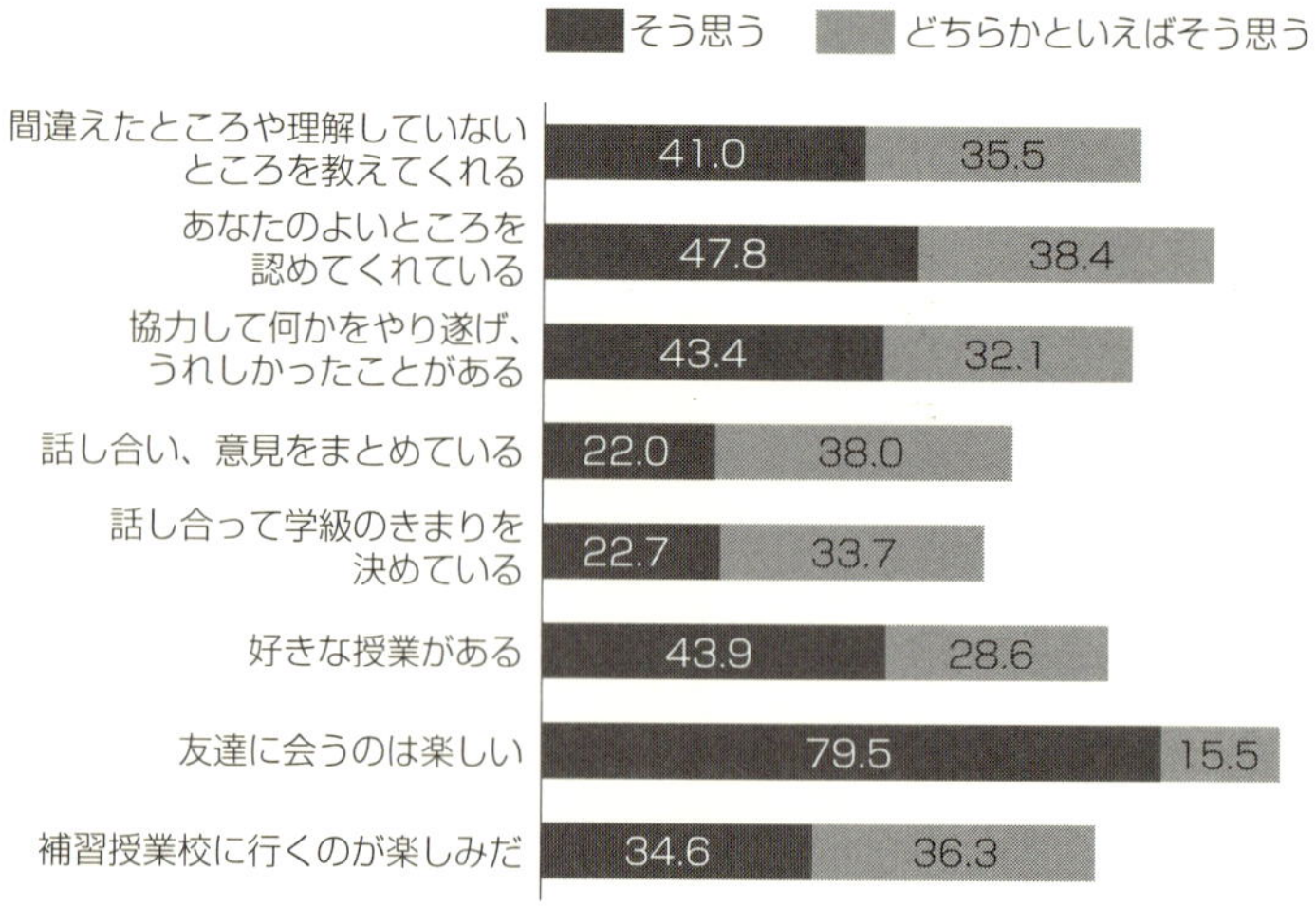

図6-4：補習授業校について

出典：海外子女教育振興財団「補習授業校児童生徒の学習状況調査等報告書」

ついて、分かるまで教えてくれる」は41・0％がそれぞれ「そう思う」と回答している。

以上、補習授業校についていくつかの側面から質問してみたが、全体としては補習授業校を肯定的にとらえており、友だちとの関係を重視していることが把握できる。

この他、高等部の生徒（412名）に補習授業校に通い続けている理由を質問したところ、「将来の役に立つと思うから」と「友達に会えるから」がそれぞれ67・0％と65・8％と、6割をこえている。その他、「親がすすめるから」が38・1％、「行事が楽しいから」が29・2％、「日本の勉強をするのが好きだから」が24・1％、「授業が楽しいから」が22・7％などとなっている。

以上の補習授業校の調査結果から明らかになったことを整理しておく。半数が日本以外で生まれ、アメリカ以外に住んだことがないが6割、得意な言語が英語という回答が44％、日本に帰国予定という回答は44％である。そして、将来日本で仕事がしたいという回答は約3分の1、日本以外の国で仕事がしたいという回答は30％弱であった。進路希望も、現地の高校、大学という回答は学年を追うごとに高くなっており、日本への帰国を前提にしない子どもが多くなっていることがわかる。

3. 日本語の学習とアイデンティティの再構成

ここまで、アンケート調査の結果から、補習授業校に通う子どもの実態を把握してきたが、永住者の子どもたちが補習授業校をどのように位置づけているかを個別事例をもとに詳細にみていく。ここでは、小学1年生から高校2年生まで補習授業校に通っていたSの事例を取り上げる(4)。Sは、1歳のときアメリカに家族で移住した。小1から補習授業校に通い、小6になったときに、家族全員でアメリカの別の土地に移り、公立の中学・高校に通いながら、土曜日に補習授業校に通っていた。インタビュー当時は州立大学に在学中だった。

Sは補習授業校を友だちと日本語で話せる場所としてとらえているが、補習授業校を無条件で肯定的にとらえているわけではない。現地校では白人との対比、補習授業校では駐在員の子どもとの対比のなかで自らの位置を確認している。Sは、「自分は永住者であり駐在員の子どもとは一定の距離を置くようになった。駐在員の家庭の子どもは塾に通い、日本の大学を受験するので、別の次元だと思っていた。自分は、駐在員の子どもとは違うという意味で、補習授業校では疎外感も覚えた」と語っている。A補習授業校では、駐在員の子どもよりも、長期滞在や永住者の子どもの方がやや多いが、補習授業校の教育方針は、日本に帰国後の教育に重点を置いていた。

Sが感じた「疎外感」は、Sを日本語学習へと向かわせることになる。「誰がみても日本人と同じでありたかった」というように、日本語を懸命にがんばることになる。Sは、自分の日本語力を上級のレベルにあると自己評価しており、「英語と日本語を半々で使う日系人とは違う」というように語っている。Sにとって日本語は、エスニシティの基盤をなすものであり、自分のアイデンティティを保持する上で重要なものとして位置づけている。

Sを日本語学習に向かわせるのは、日本語が「日本人」にとって不可欠なものというとらえ方をしているためである。日本語ができない自分は「足りない日本人」だと語っている。補習授業校での一つのエピソードをあげている。「中1の時、漢字テストがあり漢字は出来るが、その漢字を使って単文をつくるという問題があった。それがうまく出来なかった。こういう言い方はしないというようなことをいわれた」という。これがきっかけになり、いくらがんばっても、日本語が完全ではないという意識を持つようになっていく。だからこそ、補習授業校は「正しい日本語」を教える必要があるというのである。特に、永住者に対して「正しい日本語」を教える場であるべきだと主張する。

こうした見方にはＳの生い立ちが関係しており、次のように振り返っている。小学校ではまだ「日本人」という意識を持っていたが、中学生になると、英語コンプレックスもあり、日本人にはわざと「アメリカ人ぽく」演じるようにした。高校生になってようやく「自分をとらえ返す力」が出てきたという。それも白人との比較をとおして、自分の存在を客観的にとらえられるようになった。そして、大学生になったいまは、日本人ということを意識するようになる。Ｓは小学生から大学生まで自分のエスニシティの境界をめぐる葛藤があった。しかも、それが自分のアイデンティティにも影響を与えていた。大学生になったいま、「母国語は日本語」というように、日本というエスニシティを自分で受け入れるようになった。このことをＳは次のように表現している。小学生のときは「日本80％、アメリカ20％」、中学生ではそれが逆転し「アメリカ人」、高校でようやく「日本人とアメリカ人が半々」になる。こうしたエスニシティの境界の取り方が、アイデンティティとも関連している。「日本人、アメリカ人、日系アメリカ人」のどれか、自分で疑うこともあったという。大学生になったいま、心の葛藤を感じつつも、「日本人」というエスニシティを受け入れつつある。

Ｓのエスニシティの境界の取り方は、学校体験と密接に関わっていることがわかる。特に補習授業校では短期滞在の駐在員家庭の子どもとの対比で、自分のエスニシティの境界の引き直しを行っている。現地校では「日本人」だが、補習授業校では「不完全な日本人」である。そのことを日本語が十分でないことで実感する。「完全な日本人」になるためには、「正確な日本語」を習得する必要があり、その場が補習授業校しかないため、そこでがんばることになる。

Sは自分を「インパーフェクト」と表現する。英語も日本語も十分でないためである。しかし、Sの「インパーフェクト」であることが、日本語力の向上や進路決定に結びついてきた。永住者であるSにとって補習授業校は、「不完全な日本人」であることを実感する場であり、「完全な日本人」になっていく場であった。Sの事例からわかることは、補習授業校が永住者にとっては、「日本人」であることを確認できる場であり、「日本人になる」ために日本語を学習するということである。

こうしたとらえ方は、補習授業校に子どもを通わせている母親にもみられる。永住者や国際結婚した母親が子どもを補習授業校に通わせる理由として、日本語の学習を第一にあげている。「日本語のため。家庭内言語が英語になり、日本語力がなかったため。どうしても補習授業校に行って日本語を維持してほしかった」「子どもたちの日本語力が極端に低くなったため。特に下の2人の子どもは英語が強くなり、アメリカのテレビにしか興味を示さなくなっていた。唯一日本語で教育をしてくれる補習授業校に通わせるようになった」などの回答にみられるように、日本語の学習に重きを置いていることがわかる。しかも、「日本人なんだから日本語ができて当然と言い聞かせ」ながら、子どもに日本語の学習をさせる母親もいる。永住者の親にとっては、日本語は自分と子ども、ひいては子どもと日本を結びつける絆であり、そのためにも補習授業校で日本語を学んでほしいと願っており、補習授業校に日本語の学習を期待している(5)。このように、補習授業校での日本語学習は、教科の学習という意味をこえて、日本人になるためという意味づけをしている。それは、外から与えられたり、押しつけられたりするものだけでなく、子どもが成長と共に、自ら選びとっていることがうかがえる。

4. 友人関係の重要性

補習授業校の役割でもう一つ重要なのが、友人関係である。A補習授業校の卒業生10名に対する調査(6)では、全員が補習授業校を肯定的に評価している。対象者は、全員親が長期滞在者、永住者であり、アメリカの現地校を終えてから日本の大学に入学や留学した人が半数おり、またアメリカの大学を卒業後に日本で就職した人もいる。年齢別では20代（2名）、30代（4名）、40代（4名）にばらけるが、各年齢層とも補習授業校が日本語を学ぶ重要な場であり、しかも友だちと共に学習できたことに意義があったという回答が多い。特に、今回の対象者全員が補習授業校の友人関係を卒業後も維持している。進路選択や職業選択においてもその交友関係のネットワークを活用しており、フェイスブックなどを活用し、転職などに関する情報を入手していた。補習授業校の友だちと一緒に学習したり、学校行事に参加したりしたことが、その後の進路選択や職業選択などにも影響しているという。

また、子どもを補習授業校に通わせている母親の調査(7)でも、補習授業校に通わせている理由として日本語習得と同時に友人関係をあげている。長期滞在・永住者は、駐在員家庭と違い、一定の地域に固まって住んでいるわけではなく、補習授業校が日本人の友人との唯一といっていい交流の場である。しかも、母親たちは日本人との交友関係を大切にしてほしいという意識が強い。補習授業校の教科の学習よりも、日本人の友人と日本語で話すことに意味を見いだし、そのことを大切にしてほしいと願う母親が多いのである。母親たちはすでに自分が「日本人」であることが明確であり、子どもにも「日本人」になることを期待しているといえる。

5. 補習授業校の役割の再考

永住者や国際結婚家庭の子どもの増加とともに、補習授業校の役割も変わってきている。卒業生調査でも補習授業校は日本語で集い、学び合う場であり、日本語の習得と同時に、学校行事に代表される日本的な文化を学習する場として機能していることがうかがえる。永住者や長期滞在者の子ども、あるいは国際結婚家庭の子どもたちにとって、補習授業校は、渋谷が指摘するように「日本文化の保護区、聖域（サンクチュアリ）」といえる場になっている。[8] これは、補習授業校が対外的に明示する機能とは異なり、潜在的な機能といえるものである。A補習授業校は、その目的に「一時滞米者の子女または将来日本で生活する可能性のある子女が、日本の教育や生活環境により順応できるよう、日本の学校における学習及び生活様式を学ぶ機会を与える」ことを掲げており、日本と同じような教育を提供することを目指しているが、そこに通う子どもたちにとっては、違う意味づけをしている。補習授業校の卒業生からみると、そうした潜在的な機能が表に出てきている。補習授業校で何が印象に残っているかを聞いたところ、「友人関係」「運動会やキャンプなどの学校行事」「日本語の勉強」の3項目が多く、なかでも

「学校行事が印象的でよかった」という回答が多い。補習授業校の入学式や卒業式、さらに運動会は、日本の伝統的なやり方で行う学校が多く、こうした学校行事が補習授業校における凝集性を高めており、日本文化を学ぶ場になっている。

では、永住者や国際結婚家庭の子どもが多い補習授業校では、どのような教育を提供すればいいのだろうか。これまで補習授業校でどのような教育を行うかについては、帰国予定の駐在員の子どもと永住者や国際結婚家庭の子どもというように常に二項対立の図式でとらえ、どこに教育の焦点をあてるかで議論されてきた。そして、永住者や国際結婚家庭の子どもを対象にした「日本語」の授業や国語の習熟度別の授業などが各補習授業校で行われてきた。しかし、こうした対応は補習授業校の子どもや保護者の分断を進める結果になった。永住者の子どもや母親は、補習授業校で友だちと共に学ぶことで、日本語を習得し、そのことで日本人としてのアイデンティティを形成することを願っている。これまでの二項対立の枠ではなく、共に学ぶ場として補習授業校を位置づけ直すことが課題になる。渋谷は、「さまざまな環境・言語力・ニーズをもつ子どもたちが、可能な限りいっしょに、日本の言語や文化を学んでいくこと」が課題であると指摘している。(9) 実際に、こうした取り組みも行われるようになった。海外子女教育振興財団は、2017年度から「在外教育施設の高度グローバル人材育成拠点事業」（文部科学省の委託事業）を行っているが、そのプロジェクトの一つとして、「補習授業校における日本語能力向上のための総合的なプログラム開発」を行っている。(10) これは、ダラス補習授業校において、教科の枠をこえて子どもの日本語力の向上を目指すものである。この実践を中心に

行っている佐藤とバーバーは、次のように取り組みを報告している。(11)

毎週一時間、社会科の授業が組まれています。従来は一斉授業で、教師が教科書の内容を説明したり、子ども達がその内の重要事項を覚えたりと、教師主導の一方的な授業形態が主流でした。今回の社会と国語の合科授業では、子ども達が主体的に活動できる場面を設定しました。まず、社会科学習では、グループごとに都道府県についてのクイズを出し合ったり、ダラスや以前に自分が住んでいた場所について話し合ったりしました。子ども達は本来、クイズや自分について話すことが大好きであり、クラス全員の前で発表するのではなく、グループ内で話す方が緊張なく出来るので、意欲的に交流が進みました。

次に、自ら選んだ調べ学習の成果を持ち寄り、ジグソー法的にグループ内で発表しました。自分の持つ情報が他の人と繋がることで、更に知識や理解が広がり、深まりました。

最後は、グループで問題を作りクイズ大会をしました。子ども達はそれぞれに頭をひねりながら問題を作り、クイズに積極的に答えようとしていました。このように、毎回の授業で子ども達主体の活発な思考活動、言語活動が繰り広げられました。

国語科学習では、社会科で調べて分かったことを報告書に書き、ポスターにまとめて発信する活動（ポスターセッション）に発展させました。

「書く」課題を支援する語彙や文型が示されたワークシートで、何を書けばよいかが明確になり、日頃は日本語で書くことに苦労をしている子ども達も書きやすかったようです（中略）。

今回の合科授業では、子ども達は一貫して主体的に楽しそうに授業に臨んでいました。なかなか書くことが決まらなかったり、どう書いていいかわからなかったりした時は、グループ内で協力し合う様子も多く見られました。

この授業の特徴は、教科と関連づけながら日本語力の向上と日本文化理解を進めようとするものである。しかも、子ども同士の協同学習を核にすえている。恒吉は、日本とアメリカの教育の比較から、「日本の班学習と共通点を持つ小集団で課題に取り組む協同学習（cooperative-learning）の実践」は、「アメリカの教育の競争原理、個人主義的な教育の弊害」を克服できる可能性があり、「グループで協調することによって学習成果が上がり、社会性が身につくこと」を利点としてあげている[12]。ダラス補習授業校での試みはこうした「協同学習」の取り組みの例であり、共に学習を深めていくことで、協調性やコミュニケーション力、共感性といった社会性の発達にも役立つものになる。月曜日から金曜日までアメリカの現地校に行っている子どもたちにとっては、補習授業校での「協同学習」が現地校の教育を補完するものになる。そこに日本型の教育を提供する補習授業校の存在意義が見いだせる。

補習授業校では、これからも永住者や国際結婚家庭の子どもの増加が予想される。また、補習授業校に通う子どもたちも「将来日本以外の国で働きたい」という回答が4割をこえており、補習授業校の「日本→海外→日本」という一方向的な枠組みが成り立たなくなっていることを改めて確認できた。永住者や国際結婚家庭の子どもが、補習授業校に来るのは、日本人としてアイデンティティを構築する場であり、そのために日本語の学習をしているともいえる。そうであれば、補習授業校は、そうした子どもに日本文化や日本語の学習を保障し、新しい「日本人」としてのアイデンティティを形成できるような場に転換する必要がある。それは、決して本質主義的な「日本」や「日本文化」を教えるのではなく、自らがつくりあげることができるように支援していくことである。その意味では、補習授業校における日本に関わる「協同学習」をしっかりと保障すること、そしてそうした実践の可能性を示していくことがこれからの課題である。

注

(1) 外務省「海外在留邦人数統計」(2017年)と海外子女教育振興財団の調査から

(2) 文部科学省『海外で学ぶ日本の子供たち』2019年版より

(3) この調査は、海外子女教育振興財団が「在外教育施設の高度グローバル人材育成拠点事業」の一環で行ったものであり、『補習授業校児童生徒の学習状況調査等報告書』(2018)として刊行されている。なお、報告書の「第1部補習授業校児童生徒に対する学習状況調査(子ども調査)」はプロジェクトメンバーである岡村郁子が執筆している。このプロジェクトの詳細は下記を参照。https://ag-5.jp/

（4）Sの事例調査は、2007〜2009年度科学研究費補助金成果報告書『トランスナショナル化における新しい海外子女教育モデルの創出に関する研究』（研究代表者　佐藤郡衛）（2010）に詳しい。なお、調査結果の公表については本人から許諾を得た。
（5）この母親調査については、前掲4の報告書を参照。
（6）この卒業生調査は、2010〜2012年度科学研究費補助金成果報告書『海外子女教育にみるトランスナショナルな教育戦略の実践に関する研究』（研究代表者　佐藤郡衛）に詳しい。詳細は下記を参照。https://kaken.nii.ac.jp/file/KAKENHI-PROJECT-22530908/22530908seika.pdf
（7）前掲4の報告書を参照
（8）『補習授業校児童生徒の学習状況調査等報告書』（2018）では、北米16校、ヨーロッパ2校、アジア1校の補習授業校の管理職を対象にした調査（「管理職に対する補習授業校調査」）を行ったが、その結果をまとめた渋谷真樹が指摘している（89頁）。
（9）8と同じく渋谷が指摘している。
（10）海外子女教育振興財団のプロジェクトである「補習授業校における日本語能力向上のための総合的なプログラム開発」は、日本側では佐々信行、岡村郁子、渋谷真樹、近田由紀子、雨宮真一、今澤悌らが担当している。
（11）佐藤恵美・バーバー悦子（2018）「ダラス補習授業校での実践と成果」『海外子女教育』2018年11月号、1〜3頁
（12）恒吉僚子（2000）「グローバル化の中の日米初等教育システム」『アメリカ研究』34号、アメリカ学会、81頁

第7章

グローバル人材育成と国際バカロレア

多文化社会に生きる子どもの教育では、多様性を尊重することが重要になる。しかし、多様性だけでなく、その教育を構想するには共通性も考慮しなければならない。その共通性を考える上で、ここでは国際バカロレア（International Baccalaureate、以下ＩＢと略）に注目する。ＩＢは、これまでの国民教育の枠をこえる可能性があるが、他方で、「グローバルビジネス」として世界を席巻している。こうした現状を踏まえて日本におけるＩＢの可能性と問題について考えてみたい。

1．グローバル人材の育成

教育界ではグローバル人材がキーワードになっているが、その定義については曖昧である。政策的にグローバル人材が強調されるようになったのは、グローバル人材育成会議の報告である。「グローバル化した世界の経済・社会の中にあって育成・活用していくべき『グローバル人材』の概念」として三つの要素をあげている。要素Ⅰは「語学力・コミュニケーション能力」、要素Ⅱは「主体性・積極性、チャレンジ精神、協調性・柔軟性、責任感・使命感」、そして要素Ⅲは「異文化に対する理解と日本人としてのアイデンティティ」である。[1] このグローバル人材の育成は、国の第3期教育振興基本計画でも重要な柱に位置づけられており、「英語をはじめとする外国語教育の強化に努めるとともに、豊かな教養や論理的思考力、我が国の伝統や文化への深い理解、世界の多様な文化の中で自他の違いを尊重し合いつつ、コミュニケーションを通じて、ともに問題を発見し解決する能力、困難を乗り越える強い精神力等を育むための教育の充実を図ること」が提言されている(2)。

こうした政策は、いうまでもなく国家的な論理が強く打ち出されている。「グローバル化が加速する21世紀の世界経済の中にあっては、豊かな語学力・コミュニケーション能力や異文化体験を身につけ、国際的に活躍できる」人材を国家として育成することを目指している。

恒吉は、こうした「国益や国家の論理から人材を求める視点は、しばしば、市民的論理による教育論とは対置されてきた」が、こうした二項対立の枠組みでは、今日のグローバル人材をめぐる教育改革は理解できないという。グローバル人材育成会議が要素としてあげている異文化理解や多様性の尊重などは、市民的論理による教育と「レトリックとしては同じものが主張」されており、「グローバル競争に有利だとされる状態が、多様性の許容を前提としなくては成り立たないようになっている」として、グローバル化に伴う教育改革は、「20世紀型・国民国家的な同質的な『国民』を前提にした教育のあり方を崩すもの」だという(3)。

グローバル人材の育成は、これまでの国民教育に代わる新しい枠組みのもとで検討する必要がある。ここでは、新しい教育の枠組みについて急速に浸透してきたＩＢをもとに考えてみたい。

2. IB導入の背景

まず日本におけるIBの流れを追ってみよう。私が、このIBを知ったのは40年近く前の1980年代に東京学芸大学海外子女教育センターに勤務したときのことだった。海外子女教育センターは、海外で生活する子どもや海外から帰国した子どもの教育の調査研究を行うことを目的に、東京学芸大学に全国共同利用施設として1978年に設立された。IBはそうした帰国生教育の世界で取り上げられていた。(4)

IBは、もともとは国際機関や多国籍企業に勤務する人たちの子どもの大学進学問題に対処するために構想されたものであった。インターナショナル・スクールなどの教師の提唱で、ユネスコと「二十世紀財団」の資金援助を受け1963年に国際バカロレアの前身である「国際試験評議会」がジュネーブに設立され、そこで教育課程と試験制度を考案する国際委員会が設置され、試行試験の準備についての具体的な検討が開始された。そして、「準備期間（1963〜69）、実験期間（1970〜76）を経て、1976年に参加国政府の財政援助が決議され本格的に実施された」(5)ものである。

日本では、1979年にIB資格を持つ18歳以上の者に対して国内の大学への出願資格が認められた。これは、インターナショナル・スクールの出身者が日本の大学への出願ができない事態に応えたものだが、あくまでも出願資格にすぎなかった。IBは、一部の大学で「帰国生徒特別選抜」の受験資格として認められていたのである。日本にあるインターナショナル・スクールでは早い時期にＩＢを導入したところがあったが、日本の学校教育とは別枠で主に外国人を対象にしていた。

ＩＢは、１９７０～90年代までは日本ではごく限定的なものだったが、２０００年頃を境に大きく変わることになった。私は２０１３年まで東京学芸大学に勤務し、附属国際中等教育学校の開設に関わってきた。当時、帰国生徒の受け入れ校であった附属大泉中学校、附属高校大泉校舎を統合し、新たに２００７年に国際中等教育学校として開校したが、その教育の柱としてＩＢプログラムの導入を想定していた。実際に、２０１０年にＩＢの中等教育プログラム（ＭＹＰ）校として認定されている。急速な国際化に対応し、外国人の子どもが日本の学校に多く就学するようになり、教育現場では「帰国生徒教育終焉論」さえ叫ばれるようになり、帰国生徒教育中心の施策が見直されるようになっていた。帰国生を多く受け入れてきた学校では帰国生徒教育だけではその特色が打ち出せないようになり、ＩＢが新たな国際教育のプログラムとして注目されるようになってきていた。

２０１０年代に入ると、ＩＢは一躍脚光をあびるようになる。その大きな要因は国際的な動向である。ＩＢが大学入学資格として先進国を中心に認知されてきたこと、また、グローバル化の進展で国際的な競争力をつけるための人材育成の必要性が高まったためである。こうした動向を踏まえて、「グローバル人材育成推進会議」で、「国際バカロレア資格を取得可能な、又はそれに準じた教育を行う学校を5年以内に２００校程度へ増加させる」ということが提案された。これを受けるかたちで、文部科学省は2012年に「国際バカロレアの趣旨を踏まえた教育の推進に関する調査研究」を開始し、その後、「国際バカロレア日本アドバイザリー委員会」を設置し、「国際バカロレアの日本における導入推進に向けた提言」をまとめている。また、国際バカロレア機構（IBO）との協議でIBのディプロマプログラム（DP）の一部を日本語で行うことを当時検討していた（現在は日本語DPが行われている）。当時の文部科学省の担当部署から依頼を受け、東京学芸大学にアドバイザリー委員会の事務局を置くことになった。

国のこうした一連の政策によりIBの導入が図られてきたこともあり、ここ数年で学校教育法第1条に規定されている学校（1条校）でもIBを導入する学校が出るようになった。2017年時点でIBを導入しているのは1条校では20校、インターナショナル・スクールなどで26校になっている。また、各自治体でもその導入に向けた検討が行われている。このように、IBはグローバル人材育成という政策課題のもとで近年になり注目をあびるようになったのである。これは日本だけの動向ではなく、世界各国でもIBの導入が進んでいる。IBの認定を受けている学校は、2017年6月現在、世界140以上の国・地域において4846校となっている[6]。

渡邊は、世界各国でIBが導入されるパターンを次の四つに分類している[7]。

①イギリスに代表される、教育改革、特に後期中等教育改革の牽引としてIBを利用しつつグローバル化に対応するケースで、教育改革の一つとして政府資金を投入して

ＩＢを公立学校に導入している。

②アメリカ、カナダにみられるように、学校選択制における広告塔として受容するケースで、ＩＢの質の高さと認知度を高める役割を果たしている。

③中国に代表されるケースで、国策として国際競争力をつけるために導入するパターンで、中国では国策で市や省の重点校にＩＢを導入するため、ＩＢ校は名門公立学校に集中している。

④モンゴルのようなケースで、遅れてスタートした近代学校のグローバル化へのキャッチアップとして部分的に取り入れている。

このように、ＩＢは世界各国に広がりつつあるが、多言語でのプログラムの実施など、ＩＢ自体も変容しつつあり、また、それぞれの国でもＩＢを導入することで国内の教育改革を進めるなど、多様な取り組みがみられるようになっている。日本での導入の特徴は「丸ごと受け入れるのではなく、既存の教育実践をＩＢを通して再評価しつつ擦り合わせを行う中でこれまでの教育内容と方法を変化させていく方法」がとられているという。(8) 日本でも新しい教育モデルとして政策主導でＩＢの導入を図ろうとしているが、まだまだ課題も多い。

3. IBの教育の特徴

IBは、IBOによってその教育の内容や方法は規定されており、その定義については厳格に決められている。IBOや文部科学省から情報が公開されているため、そうした資料をもとにその教育の概要をとらえることができる。

その教育の第一の特徴は学習者像にある。[9] IBの教育目的は次のように定義されている。

多様な文化の理解と尊重の精神を通じて、より良い、より平和な世界を築くことに貢献する、探究心、知識、思いやりに富んだ若者の育成を目的としています。この目的のため、IBは、学校や政府、国際機関と協力しながら、チャレンジに満ちた国際教育プログラムと厳格な評価の仕組みの開発に取り組んでいます。IBのプログラムは、世界各地で学ぶ児童生徒に、人がもつ違いを違いとして理解し、自分と異なる考えの人々にもそれぞれの正しさがあり得ると認めることのできる人として、積極的に、そして共感する心をもって生涯にわたって学び続けるよう働きかけています。

こうした教育目的のもと、IBは四つのプログラムからなる。3~12歳を対象にした「初等教育プログラム（Primary Years Programme：PYP）」、11~16歳を対象にした「中等教育プログラム（Middle Years Programme：MYP）」、そして16～19歳を対象にした大学入学資格となる「ディプロマプログラム（Diploma Programme：DP）」である。この他、2012年からは「キャリア関連プログラム（Career-related Program：CP）」が位置づけられた。これは、16～19歳までを対象としたキャリア教育・職業教育に関連したプログラムであり、生涯のキャリア形成に必要なスキルの習得を重視するものである。

各プログラムに共通するのが学習者像であり、「探究する人」「知識のある人」「考える人」「コミュニケーションができる人」「信念のある人」「心を開く人」「思いやりのある人」「挑戦する人」「バランスのとれた人」「振り返りができる人」の10項目が設定されている。この学習者像からもわかるように、IBは全人教育を目指したものである。

第二の特徴は、IBが求める資質・能力である。この点については、これまで見聞きしてきた実践をもとに個人的に整理したものを示す。その一つ目として現代的でグローバルな課題を読み解くための力の育成を重視している。IBでは、知識を得るためのさまざまな方法（認知、感情、言語や理性）や知識のさまざまなあり方（科学、芸術、数学、歴史）について学習することが求められるが、特に概念の習得が重視される。東京学芸大学附属国際中等教育学校では、国際教養という教科を設定し、グローバルな課題に触れ、それらの問題を理解するための基礎となる知の育成をねらっている。例えば、国際教養の授業では重要な概念として平和があげられている。国際関係に変化がみられる現在、平和のあり方に関心を持つことをねらいにしているが、キー概念である平和を切り口にして多様な事象を分析できるようにしている。平和について学習するのではなく、平和で学習していくということである。[10] こうした概念を理解するために探究が重視される。

二つ目は批判的リテラシーである。特に、DPプログラムの「知の理論」（TOK：Theory of Knowledge）で重視されている。[11] TOKとは次のような特徴を持つ。[12]

①さまざまな「知識の領域」や「知るための方法」の起源や性質、方法論、妥当性を吟味し、それがどのように関わりあっているかを考察する。

②生徒たちがそれぞれ個人的な知識として「知っている」と主張する事柄や、さまざまな学問領域での共有された知識という視点から「知っている」と主張する事柄について、批判的に振り返る。

③このような探究精神を培うことを通じて、「知識の領域」と「知るための方法」を見きわめる。

④教師にも生徒にも、問いが世界を理解するうえでいかに重要であるか、そしてどのような答えが良い答えなのか、についての感覚を促す。

そして、TOKを「知識がどのようにつくられ、知識がどのように世界の諸問題に適用されているか、ということへの振り返りを経験することで形成される考え方や人格」であるという。簡潔にいえば、知識を獲得する、追究する、生み出す、受け入れるなどの活動をとおして、自分と世界との関わりを学びとっていくということである。例えば、立命館宇治高等学校では、TOKで歴史を取り上げているが、その内容は、歴史を客観的に事実として学習するのではなく、多様な立場からつくりあげられてきたこと、同一の歴史的な事実が立場が異なれば全く解釈が違うこと、また、ある出来事が歴史的に重要な意味を持つかどうかの根拠は何か、といった学習が行われている[13]。この実践に代表されるように、知識を疑い偏見や先入観などにとらわれずに、自分なりの判断が下せる力、知識を創造する力の育成を目指しているのである。

三つ目はグローバル・コミュニケーション力である。IBのPYPとMYPはどの言語でも提供可能となっており、DPでも一部の科目で日本語での学習が可能になったが[14]、多くの科目は英語による学習であり、高い英語力が求められる。また、IBでは、グループや個人で課題を設定し、研究に取り組む「プロジェクト型学習」やグループワークやペアワークで取り組む「協同学習」が重視される。そこでは、当然、コミュニケーション力が不可欠であり、英語力を含めたコミュニケーション力の育成を目指すものである。

そして、四つ目は人と関わり協同する力である。MYPでは、「共同体と奉仕」が重要な学習の視点になっており、DPでも「創造性・活動・奉仕（CAS）」が必修であり、社会参加や協同の取り組みが重視されている。このCASのなかでも、「活動」や「奉仕」（「創造性」を含めて150時間行うことになっている）は、他の生徒との協同の活動、あるいはコミュニティ活動などを行うことになっている。こうした体験学習をとおして人間関係をつくりあげていくことを目指している。

ＩＢは、以上のような資質・能力を評価し、学習成果を明確にすることが第三の特徴である。大迫は、ＩＢの優れた点として、逆向き設計とルーブリック評価をあげている。逆向き設計とは、まず「望まれる結果を明らかにし、その結果が確認されるための『認められる証拠』が決められ、その証拠を子どもたちが生み出せるように授業や体験を計画する」というものである。そのことで「子どもたちはどこにたどり着くかわからずに学んでいくのではなく、明らかな到達点に向かって努力する」ことができるようになるという。それを実現するのがルーブリック評価であり、学習者が到達すべき基準が具体の行動レベルで示されている[15]。

日本ではこれまで高度の資質・能力はその評価が難しく、しかもどのように育成するかという実践の視点が明確でないといった批判がなされてきた。ＩＢでは、逆向き設計という手法を導入し、ルーブリック評価基準を設定することでこの問題を克服している。例えば、２０１２年の「国際バカロレア・ディプロマプログラムにおける『ＴＯＫ』に関する調査研究協力者会議」の報告書には、ＤＰプログラムの「課題論文（ＥＥ）」のルーブリックが具体的に示されている。例示するならば、「自分自身の視点を重ね合わせて考えを導き出し、示すことができているか」「ありきたりな話の繰り返しや単なる数値の集計に終始するのではなく、具体例をあげて自分なりのアプローチを示しているか」などである[16]。知識の習得度合いの評価から、個々の生徒のパフォーマンスを評価することが重視されているのである。パフォーマンスとは、学習の成果としてのレポート、新聞といった作品やプレゼンテーションなどの実技・実演のことであり、こうした課題を評価するために、ルーブリック評価が行われるようになった。

この他、「創造性・活動・奉仕（CAS）」では、その学習成果と活動の質が重視されている。例えば、「創造性」でダンスやスポーツを選択した場合、具体的な目標を設定し、週に一定の練習時間を設け、それらを毎回記録しなければならない。具体的には日記をつけたり、動画などに記録したりするといった方法をとり、活動の成果を明確にしている。

ＩＢではこうした評価基準を学習者と共有するようになっており、あらかじめ求められる学習成果を学習者にも周知し、学習者がそれを意識しながら取り組めるようにしている。学習成果を可視化することで次は何に取り組むかが教師にも学習者にもわかるようになっている。

4．ＩＢから学べる点は

日本の教育においてＩＢから何が学べるかを検討していく。日本では、学習指導要領に基づいて教育が実践されている。その方向性は、「よりよい学校教育を通じてよりよい社会を創るという目標を学校と社会が共有し、連携・協働しながら、新しい時代に求められる資質・能力を子供たちに育む」ことが目指されている。そして、「何を学ぶか」という指導内容の見直しに加えて、「どのように学ぶか」「何ができるようになるか」の視点が重視されるようになる。こうした改革の方向性とＩＢの教育には一定程度の共通性があり、ＩＢから学ぶ点も多い。

第一は学校教育で取り上げるべき学習課題の再考を促すということである。ＩＢは、グローバルな文脈で社会的な課題を取り上げることが多いが、日本の学校教育でもグローバルな課題や社会の現実的な課題を取り上げ、積極的にそうした課題の解決についての学習に取り組んでいく必要がある。グローバルな課題や現実的な課題は、直接的に教科には位置づけにくいが、教科横断的、あるいは総合的な学習としてカリキュラムに取り込むことにより、生徒の学びに現実的意味を与え、しかもその学びをとおして批判的思考力や問題解決力などを育成することが可能になる。また、こうした課題は、複雑に問題が絡み合っており、正答がなく、しかも探究様式が確定していないことが多い。多様な学習活動により、正答のないさまざまな問題に、当事者意識を持ちあきらめずに関わり続けることも必要になる。こうした能力は日本でも必要になっている。

第二は学習観の転換である。ＩＢの学習は知識の生成や創造を目指すところに特徴がある。これは、いわば構成主義的な学習といえるものである。つまり、学習者の既存の思考の枠組みをもとに、さまざまな事象に働きかけることで、自分の論理を駆使して知識を構成していくという考え方であり、これからの教育でも重要な視点になる。構成主義は、教科内容やスキルの伝達を認めながらも、「教師と生徒の協働作業による知識の構築や内容理解を含めて高次元の思考力にまで伸ばそうとするもの」であり、「体験学習、協同探求、知識の生成」を促すものである。[17]つまり、学習を孤立した個人の活動としてではなく、社会的な文脈のなかで行われるものというとらえ方をしている。学習の質は協同という活動によって大きく左右され、相互の学び合いのなかで、知識をつくりあげていくという視点が重視される。こうした構成主義的な学習では、社会的な問題解決の学習への参加と同時に、そこでの討論や対話といった参加型の学習が不可欠である。参加型の学習をとおして、民主的な関係をつくっていくために必要なスキルを学び、それを実生活のなかで活かすようにしていかなければならない。こうした学習観は、新しい学習指導要領で重視されている「アクティブ・ラーニング」に通ずるものである。

第三は社会参加という視点である。ＩＢでは協同学習や社会参加を重視する。社会参加は、奉仕的な活動のような受け身的な参加ではなく、お互いの差異を承認し合いながら課題を解決していくという意味を含んでいる。新しい社会の構成員になっていくには、既存の枠組みを前提にするのではなく、自分が関わる場そのものをつくりあげることが重要である。これは、門脇が提案する「社会力」とも共通する。「社会力」とは、「社会をつくり、つくった社会を運営しつつ、その社会を絶えずつくり変えていくために必要な資質や能力」である。それは、単なる自己実現ではなく、「主体的に、好ましい社会を構想し、つくり、運営し、改革していく意図と能力」を指す(18)。ここでいう社会とは多層なものであり、公共性をもとにした社会づくりに向けた取り組みによってこうした能力は育成される。これは、特別活動や総合的な学習を実践していく上で重要な視点になる。

第四にＩＢはグローバルな進路選択の可能性を開くことになる。渋谷は、「日本の高校へのＩＢの導入は、国境を越えた大学進学を拡大する」と指摘している(19)。これまでの日本の大学入試は知識の習得状況をとらえることが中心であり、また、語学力の問題もあり国境を越えた大学への進学は極めて難しいというのが実際であった。広く海外にも進路の道が開かれることは大きなメリットである。

5. IBの今後の課題

IBは、急速に日本でも注目されるようになってきたが、本格的な導入はこれからの課題である。IBというグローバル化の流れとこれまでの日本の教育とどのように整合するかを問う必要がある。渡辺は、「グローバリゼーションの負の側面をいかに制御し、正の側面を活用し、グローバリゼーションを飼いならし、持続可能なもの」にしていく必要があると指摘している。渡辺は、「行為者は構造の前に無力ではない。構造を内面化し、構造に対して様々なゲームを仕掛けてゆく能動的な主体でもある。そして、そのゲームにおいて『文化』をめぐる従来の境界線を編み直し、組み替えてゆくブリコラージュ（器用仕事）こそは、創造性の原点であり、変わりゆく環境に対する適応力の源泉ともいえる」とも述べている。[20] グローバル化を「飼いならす」には、IBを別枠ではなく、現在の教育の枠組みとつきあわせ、そこから新しい教育の方向性を模索する必要がある。

IBの導入にあたり必要なのは、教育の二重構造をいかに克服するかである。IBは、現状の学校教育の枠組とは当然ながら整合性がとれない部分がある。日本の教育は、国民形成という枠のもとで行われており、しかも教育内容・方法は学習指導要領で規定されている。この枠からはずれたインターナショナル・スクール、朝鮮人学校、ブラジル人学校などの外国人学校は、全く別枠で構想され、その施策も「分離型」として展開されてきた。今回も、IBについては、文部科学省では官房国際課が所管して進めており、ＩＢは従来の教育とは別枠で進められる危惧がある。これまでのように二重構造のもとで展開していけばその普及は難しく、ＩＢを日本に定着させることはできないだろう。文部科学省はＩＢの導入にあたって、学習指導要領との対応関係、外国人指導者への教員免許状の円滑な授与、ＩＢ教員養成の充実、ＩＢ教員養成ワークショップの開催などの支援策を検討し、一部実施している。また、日本語によるＤＰも実施されているが、まだまだ課題は多い。実際に１条校でＩＢを導入しているのは既述のように20校にとどまっている。

こうしたなかで、ＩＢの教員養成が急速に動き始めている。２０１９年3月の時点で、学部での養成を行っているのは都留文科大学、武蔵野大学、岡山理科大学であり、２０１９年度からは関西学院大学でも開始される。大学院では玉川大学、筑波大学ですでに行われており、２０１９年度からは東京学芸大学、国際基督教大学などで開始された。ＩＢの教員資格は、現在ではワークショップの受講で得られる。そうした意味で、教員養成にＩＢを位置づけたことは意味がある。しかし、現時点では教職員免許制度や教員養成全体の枠組みとの関連は曖昧なままである。特に、教員養成のカリキュラムとの関連がないままに、新しい科目を付加している感を受ける。これは、ＩＢ教員の専門性ということとも関連し、どのように教員養成のカリキュラムに位置づけるかを検討しなければならない。また、修士課程でのＩＢ教員の養成についても、各大学ともＩＢに関する科目群が並んでいるが、大学間でその内容はバラバラであり、その質を担保するにはある程度の標準化が必要であろう。

また、ＩＢ教員の養成にあたっては実習についても検討を要する。学部のＩＢ教員養成では、海外留学や海外でのインターンを実習に替えている例もみられるが、言語の壁もあり実習が学生の実践の力量形成にどれだけ役立つかははなはだ疑問である。また、国内でも実習先をいかに確保するかが課題である。ＩＢが日本のこれまでの教育の枠をこえるものであれば、実習をとおしてその教育を肌で感じとる必要があり、実習を明確に位置づけないと、型のみが重視され、形骸化する恐れがある。

この他、ＩＢの実施には経済的な負担が大きく、これを日本の公教育に導入するには課題も多い。1学級あたりの生徒数、教師数、さらに教師研修の必修など、ＩＢに投入する費用は大きい。現在、ＩＢを導入している学校では受益者負担を原則にしているところが多く、このプログラムを受けられる生徒は限られている。こうした経済格差は、相対的貧困の深刻化といった状況のなかで、教育格差を助長することになろう。公立学校でＩＢを導入する場合、公的な資金を投入することになり、その意義を明確にすることと公正性をいかに担保するかが課題である。

また経済的な格差とも関連するが、ＩＢの受講者とそうでない生徒との間の分断を引き起こす恐れがある。ＩＢはいうまでもなく高次の能力を育成するためのレベルの高いカリキュラムであり、その教育を受けることができるのは一部の恵まれた人々の特権になる。渡邊は、ＩＢの課題について「レリバンスと二極化」と表現している。つまり、「ＩＢを持つ学校と持たない学校、さらにひとつの学校の中でＩＢとそれ以外のカリキュラムを履修する生徒の間に大きな亀裂を生む」[21]という点を指摘している。

こうした課題に対応するには国内でＩＢの理念や考えを活かした教育を行うような学校を増やしていくことである。つまり、正式にＩＢＯから認定を受けた学校、認定に向けた候補校以外に、ＩＢの教育に準じた教育を行うような学校を増やしていくことである。ＩＢはパッケージされており、現時点ではＩＢの理念や考えに準じた教育を行うことは容易ではないが、こうした選択肢も検討すべきである。

以上のように、ＩＢを日本に導入するには課題も多いが、ＩＢが目指す資質・能力はこれからのグローバル社会に必要なものであり、欧米を中心に発展してきたＩＢという制度を日本の教育と別枠で構想するのではなく、日本の文脈に即してその導入の可能性を検討すべき時期にきている。そのためにも、公立学校での試行的な取り組みや経済的格差の是正なども含めて、広く議論していかなければならない。ＩＢは日本の学校教育を相対化し、変革の契機にもなりうるものであり、日本でのＩＢの今後の展開を注目していきたい。

注

（１）「グローバル人材育成推進会議 審議まとめ」２０１２年６月、詳細は下記を参照。https://www.kantei.go.jp/jp/singi/global/1206011matome.pdf

（２）中央教育審議会「第３期教育振興基本計画について（答申）」平成30年３月８日、詳細は下記を参照。http://www.mext.go.jp/b_menu/shingi/chukyo/chukyo0/toushin/__icsFiles/afieldfile/2018/03/08/1402213_

01_1.pdf

（３）恒吉僚子（２０１６）「教育における『グローバル人材』という問い」佐藤学他編『グローバル時代の市民形成』岩波書店、24～25頁

（４）東京学芸大学海外子女教育センターでは、ＩＢの研究プロジェクトが行われていた。その成果は、西村俊一編（１９８９）『国際的学力の探究――国際バカロレアの理念と課題』創友社として刊行されている。

（５）宮腰英一（１９９１）「国際バカロレア」『国際教育事典』アルク、２７６～２７８頁

（６）ＩＢ実施校については、文部科学省のＨＰを参照。http://www.mext.go.jp/a_menu/kokusai/ib/1307999.htm

（７）渡邊雅子（２０１４）「国際バカロレアにみるグローバル時代の教育内容と社会化」日本教育学会編『教育学研究』第81巻第2号、日本教育学会、44頁

（８）渋谷真樹（２０１３）「日本の中等教育における国際バカロレア導入の利点と課題」『奈良教育大学教育実践開発研究センター研究紀要』第22号、87～94頁

（９）国際バカロレア機構のＨＰと文部科学省のＨＰを参照した。以下の記述もこれに負っている。http://www.ibo.org/en/about-the-ib/the-ib-by-region/ib-asia-pacific/information-for-schools-in-japan/、http://www.mext.go.jp/a_menu/kokusai/ib/1308000.htm

（10）東京学芸大学附属国際中等教育学校、２０１４年、第４回公開研究会資料参照

（11）ＤＰプログラムは言語と文学（母国語）、言語習得（外国語）、個人と社会（経済、地理、歴史など）、理科、数学、芸術の六つの教科に関わるグループと三つの「コア」と呼ばれる必修要件からなる。「コア」とは、「課題論文（ＥＥ：Extended Essay）」「知の理論（ＴＯＫ：Theory of Knowledge）」「創造性・活動・奉仕（ＣＡＳ：Creativity/Action/Service）」の三つである。詳細は下記参照。http://www.mext.go.jp/a_menu/kokusai/ib/1308000.htm

（12）Sue Bastin, Julian Kitching, Ric Sims著（大山智子訳）（２０１６）後藤健夫編『セオリー・オブ・ナレッ

ジ』ピアソン、23～24頁

(13) 立命館宇治高等学校の実践報告は、文部科学省のＨＰで参照することができる。http://www.mext.go.jp/component/a_menu/education/detail/__icsFiles/afieldfile/2012/09/06/1325261_5.pdf

(14) 日本語で実施可能となる科目等は、以下のとおりである。
経済、地理、歴史、生物、化学、物理、数学、数学スタディーズ、音楽、美術、知の理論（ＴＯＫ）、課題論文（ＥＥ）、創造性・活動・奉仕（ＣＡＳ）（ただし、日本語ＤＰでも、6科目中2科目（通常、グループ２（外国語）に加えて更に１科目）は、英語等で履修する必要あり）。詳細は下記を参照。https://ibconsortium.mext.go.jp/ib-japan/

(15) 大迫弘和（２０１３）『国際バカロレア入門』学芸みらい社シエスタ、72頁

(16) ＴＯＫのルーブリック指標については下記を参照。http://www.mext.go.jp/component/a_menu/education/detail/__icsFiles/afieldfile/2012/09/06/1325261_2.pdf

(17) ジム・カミンズ、中島和子（２０１１）『言語マイノリティを支える教育』慶應義塾大学出版会、１２６～１３２頁

(18) 門脇厚司（１９９９）『子どもの社会力』岩波新書、60～63頁

(19) 渋谷真樹（２０１６）「国際バカロレアにみるグローバル化と高大接続」日本教育学会編『教育学研究』第83巻第4号、日本教育学会、48～49頁

(20) 渡辺靖（２０１５）『〈文化〉を捉え直す』岩波新書、30～31頁

(21) 渡邊雅子、前掲論文、47頁

第8章

「現場生成型研究」の課題

これまで外国人の子どもや海外に住む子どもの教育についてみてきたが、そのもととなっている調査や研究は実践と強く関わるものだった。研究と実践をどのように結びつけるかは議論が分かれるが、私が専門とする異文化間教育ではそうした志向性を強く持っている。20年ほど前に「異文化間教育は、現実におきている問題にどう対応し、どう変えていこうとしているか」という問いかけをされたことがあった。いまだその答えがはっきり出ているわけではないが、真摯にこの問いに対する答えを見つけ出す必要があると考えている。ここでは、実践と関わる研究の視点と方法について考えてみたい。

1．実践との関わり

私は、これまで学校現場との関わりのもとに研究を進めることが多かった。そこで痛感したのは研究の進め方である。私が学校現場と関わりを持つようになった1980年代後半から1990年代の初めは、外国人の子どもや帰国した子どもの教育が「問題」として取り上げられ、文化間移動をした子どもたちをどのように学校に適応させるかが教育の課題であった。学校のフィールドワークを進めていくなかで、外国人の子どもたちは、これまでの学校の枠ではとらえきれないことが多く、学校や教師の葛藤や戸惑いを目の当たりにしてきた。そうした子どもとのやりとり、子どもたちとの関係をどのようにつくっていくかをみていると、学校や教師の指導の枠や基準が変わっていくことがみえることがあった。しかし、こうした変化を既成の枠や概念で説明していたことに気づくようになっていった。そのことを自覚するようになると、教育実践や教育活動を客観的に分析し、その意味を解説するだけではなく、教師が日々直面している課題や困難を緻密に分析し、それを教師に返し、共にその解決について考えていくことの重要性を痛感するようになった。研究と実践をどのように結びつけるかが私の課題になっていったのである。学校現場との関わりを積み重ねていくうちに、研究と実践を対立的にとらえるのではなく、両者のいい意味での緊張関係を維持しつつ、実践の振り返りを共にしていくことの大切さに気づくようになった。

研究と実践のあり方を考えていくと、教育の事象を実践の文脈から切り離して記述・解釈するだけでなく、実践への参与的な関わり方を重視していくことが大事だということがわかってきた。異文化間教育においては、傍観者として実践をとらえるのではなく、その実践への参与者として共に実践をつくりあげる方策を探ることが大事だとわかってきたのである。こうした経験を踏まえて、以下では実践の課題を共に解決するための研究の視点や方法について考えてみたい。

2. 実践の課題を共に解決するための研究

私が専門にしている異文化間教育は、１９８０年代から海外で生活する日本人の子ども、帰国した子ども、留学生、外国人など文化間移動をする人を対象にし、適応、アイデンティティ、言語習得、さらにその教育などをテーマにして研究を行ってきた。しかし、2000年代半ばから新しい動きがみられるようになっている。多文化的な状況にあって、国や民族などに限定するのではなく、ジェンダー、障害などの対象も組み込むようになってきた。文化概念の広がりとともに、新しい対象を取り込めばその研究のあり方も問われるようになる。新原は、この点について興味深いことを指摘している。つまり、「意識されないがゆえに語られない、あるいはうっすらとは意識されてはいるのだが言語化するには至っていなくて語れない、不可視でなおかつ微視的な〝痛み〟とそれに向きあう〝智〟の生成に関しては、個別科学は既存の分析装置によって『迅速』な『対処』と『説明』を試みるが、その『有効性』への信頼は日々揺らぎつつある」とし、新しい知が必要だというのである。そして、そうした新しい知によって「個々の個別科学によって到達しうる範囲を把握しつつ、こうした科学的な知が看過してしまったり、すくい取ることができない『例外』や『異端』も含めて、総体としての現実を把握すること」が必要だと指摘している。(1)これまで学問の対象にしてきたのは、その学問の枠組みにのるものであり、そこにのらないものは「例外」や「異端」として排除されてきたということである。異文化間教育も恣意的に設定した「異」というカテゴリーからはずれたものは除外してきたのではないかという問い直しがされるようになってきた。多文化的な状況で、これまで避けてきたり、気づかなかったり、あるいは軽視されてきたものに注目し、それらを含めた総体として現実を把握することの重要性が認識されるようになってきた。

それは「臨床」への注目と軌を一にするものであり、「科学知」の依存への批判であった。

実践や現実でおきていることを総体としてひろいあげ、そこから新しい知を生成し、しかも「実践に埋め込まれた理論」の構築を目指すことが、社会科学共通の課題になり、社会学や教育学などでも臨床が強く意識されるようになった。庄井は、こうした動きを「解釈を自己目的化するようなポストモダンの知」ではなく、「主観的現実と客観的現実の相互構築がめざされ、新たな意味創造と新たな現実変革の有機的統一が目的化される」ものであると特徴づけている(2)。つまり、臨床を重視することで、実践と関わりながらそこから新しい意味を見いだし、実践の場の創造と実践知をもとに現実の変革につなげるということが課題として浮かびあがってきたのである。

こうした臨床を重視した研究の特徴の第一として、実践への関与の仕方があげられる。つまり、その実践の場に直接関わるということである。この実践への関与については、臨床教育社会学や臨床教育学でも議論されてきた。例えば、志水は、臨床の意味を「問題解決に資する」という狭義のとらえ方と「現場に根ざす」という広義のとらえ方に分け、後者の「現場に根ざす」研究を特に臨床と呼び、「対象に関わる」「コミットする」ことを臨床的な研究として位置づけている(3)。酒井は、「現場に根ざす」だけでは、現場の成員と協力・協同の関係をどう築くかという問題に終始するため、「直接的に問題群にアプローチする」ことが必要であり、具体的な貢献を目指すべきだと主張している(4)。庄井も、臨床教育学の構想のなかで「生きた人間と人間が織りなす具体的な生活現実に――多くの場合、異邦人的な同胞者として――深く内在し、時にその生活過程そのものにも参画する研究」でなければならないとして、実践に内在的に参画することが必要だと主張している。[5] 異文化間教育の研究でも同様に、この内在的な関与が必要になる。観察的な参加ではなく、その実践に内部から関わり、かつ実践者という立場に自覚的になるということである。そのことは、実践を外側から記述したり、その実践の構造やそれを規定する要因などを明らかにしたりするのではなく、実践上の課題の解決という直接的な貢献を目指すところに意味を見いだすということである。

第二の特徴は研究の立ち位置と実践の場であるフィールドへの参入の仕方である。これまでの研究では、フィールドはあらかじめ設定されており、そこに参入し観察などをとおして一定の知見を得るという方法が一般的だが、臨床を強調する場合、フィールドは研究のためのフィールドではなく、実践の場そのものである。これは、研究者と実践者との関係のあり方にも関わる。研究者が観察者として関与するだけでは、実践との距離は遠くなるし、研究者対実践者という固定した枠から抜け出ることはできない。関係性を構築するというのは、研究者と実践者という枠をこわし、研究者自らが実践者との相互作用を繰り返すなかで、相互に影響し合うことであり、そのことをとおしてフィールドである実践の場を変容させていくところに特徴がある。研究する側は、実践者との関わりをとおして自分の理論的枠組みや概念的な構成物をつくりあげていくため、その成果が実践者にとっても意味を持つものでなければならない。研究者も一参加者として成果について共に検討し合うという関わり方が重要になる。

このことは、対象者や実践者の立ち位置も変えることになる。対象者や実践者は研究の単なる協力者ではなく、その実践をとおして新たな実践知を生み出す主体として位置づけるということである。実践知とは、事例や経験に即した知識や多様な見方や理論を統合するものだが、対象者や実践者は、この実践知を蓄積しそれをもとに新しい実践の課題を見いだし、次の実践につなげていくことができる。このように、異文化間教育では、対象者や実践者もまた実践知を生み出す主体であり、実践の創造者として位置づけていく。

第三は変革性という視点であり、実践への内在的な参画をとおして社会の変革という課題に向き合うことである。新しい社会や教育の枠組みは、すでにあるものでも、あるいは誰かから与えられるものでもないし、また、既存の枠組みをすべて否定したところに生まれるものでもない。多文化状況で新しい社会づくりを志向するには、既存の関係を前提にするのではなく、その関係を組みかえていく必要がある。異文化間教育は、人間形成や発達の過程を関係性に焦点をあててとらえていくが、これまでは関係性の分析にとどまり、その関係性を組みかえるという視点が弱かった。関係性の組みかえには、現実の関係のあり様を分析するだけでなく、そこに介在する権力性や問題性を明らかにし、新しい関係のあり方を示していくことが重要である。つまり、関係性に埋め込まれている権力関係の分析にまで立ち入り、その上で新しい関係性をつくる実践のあり方を提示することが、変革性ということである。

この変革性という視点は、研究における「当為」という課題を浮かびあがらせることになる。課題解決や新しい社会づくりには自ずと「当為」の問題が伴う。紅林は、「臨床的実践の主体的な構築を通して、当為問題の再構成を行う必要がある」という指摘をしているが[6]、この「当為」という問題は、課題解決を目指す異文化間教育の研究では避けて通れない。すなわち、異文化間教育が、実践に内在的に参画し、課題解決を目指すならば、事実の分析だけですむものではない。研究において一定の価値判断をすることを避けるのではなく、自分の立ち位置を明確にし、価値を判断し、その価値を共有化するということである。価値判断や評価は、研究者だけでなく、当事者や参加者を含め、話し合いをとおして、公共的な性格を持つものとして再構成しなければならないし、そのためには参加者同士の対話や協同の取り組みが重要になる。

3.「現場生成型研究」とは

私たちは、こうした臨床という視点を重視する研究を「現場生成型研究」として提案してきた[7]。実践を志向し、実践の改革を目指す「現場生成型研究」の特徴をここで改めて整理しておく。まずは実践の場のとらえ方である。調査や研究はあらかじめ設定されたフィールドに入り、そこでの観察から一定の知見を得ることが一般的だが、「現場生成型研究」では、実践に内在的に参画し、実践の場を自らつくりだすという視点を強調するものである。

そして、研究や調査をする主体の位置づけにも特徴がある。実践の参加者が自らの役割を固定してその役割を演ずるのではなく、参加者がそれぞれ役割の枠をこわし、相互作用を繰り返すなかで、影響し合い、それまでと違う関係をつくりあげていく。実践の参加者が、共に実践をつくるという過程で、相互の学び合いにより、参加者の成長がみられるということを強調する。

実際の研究は、次のようなフェーズで進めていくことになる。第一のフェーズでは、実践の場に身を置くことで、現場の問題を感知できるようにする。実践の場に関与するのは、支配的な言説や一般的な問題認識をするためではなく、その場に内在する問題を見いだすためである。第二のフェーズでは実践の場の問題から解決すべき課題を見いだし、共有化する。問題を個々の文脈や個人レベルにとどめずに、社会レベル（制度や組織など）との関わりや当事者にとっての意味を問うことで、課題を解決に向けて具体化する。第三のフェーズは、解決に向けたプランづくりと実際の行動である。研究者も一参加者として、解決に向けたプランづくりと実際の行動に参加する。しかも、行動にあたっては多様なリソースを集めるといったこともこのフェーズでは必要であり、そうした多様性を組み込むことで課題解決につなげるようにする。そして、第四のフェーズは検証と変革である。解決に向けた行動のなかでまた新たな問題が生じるが、そこから課題を再度見いだし、かつ共有化し、その解決に向けたプランづくりと行動を再度行うということである。

4.「現場生成型研究」の方法

「現場生成型研究」を進めるには、その方法が重要になるが、独自の方法があるわけではない。もともと、異文化間教育は学際的な学問であり、多様な方法を取り込んできた。異文化間教育学会が企画編集した異文化間教育学大系の４巻『異文化間教育のフロンティア』では、異文化間教育の方法としてエスノグラフィ、インタビュー、ライフストーリー、グランデット・セオリーの四つを取り上げた(8)。こうした研究方法が注目されるようになったのは、研究課題から一定の仮説をつくり、その仮説を検証していく仮説検証型の方法よりも、調査などをとおして仮説をつくりあげていくという方法がより重視されるようになったためである。仮説を最初に設定すると仮説自体に自文化の影響が入りこんでしまう。仮説生成型の方法をとることにより柔軟な仮説をつくっていくようにするためである。

ただ、「現場生成型研究」では、すでに述べたようにこの仮説を検証することを目指すものではない。仮説検証型にしろ、仮説生成型にしろ、一定のフィールドがあり、そこから仮説を構成するが、「現場生成型研究」は、仮説を設定するがそれを検証するのではなく、実践をとおして解決すべき課題として位置づける。どのような方法でこれを行うかについて、これまで私が行ってきた研究から示しておきたい。

第一はナラティヴな方法であり、実践に関与しそこから課題を把握する上で有効な方法である。ホワイトとエスプトンは、「問題」があると認識したときにそれを理解する方法は、社会的に支配的な「ドミナント・ストーリー」であり、このストーリーをもとに解決策を提示することが多いが、そうではなく新しい観点から「問題」を再構成する必要があるという(9)。例えば、文化間移動した人のエスニシティやアイデンティティをすべて国や民族に帰結し、それらが否定されることに問題があるので、その母国の文化を肯定的にとらえられるような「ストーリー」がつくられる。そして、それにそって具体の支援を行うことでその「問題」の解決に迫るというのが一般的である。この「ドミナント・ストーリー」にそって課題が設定されると、具体の文脈や個別の意味がみえなくなる。そこで、ナラティヴな方法によって当事者にとっての問題を把握し、意味ある課題を見いだし、解決について検討するということである。

このナラティヴな方法は、研究者の持つ専門性や研究者と実践者という固定した枠をこえた新しい課題解決型の手法である。私が関わってきた学校の課題解決においても有効だった。学校の多文化化の進行で、多文化共生が課題になってきたが、現実には教育政策で取り上げられる「言語能力の育成」や「コミュニケーション能力の育成」といった一般的で抽象度の高い目標を設定することが多い。このため、目の前にいる子どもの現実に即した具体的で、個別的な問題が実践課題として設定されないことがある。個々の学校が置かれている具体の課題や教師が抱える課題を背後に追いやり、みえにくくしてしまうのである。学校が抱えている問題、教師の具体的な実践が直面している複合的な問題をとらえるためには、研究者が自分の枠組み、政策課題、一般的な理論で説明したのでは、学校現場の問題把握にはならず、現場の解決にはつながらない。いま抱えている課題を実践者自らが自らの言葉で語り、それをどのように解決するかを共に考え、そして共に行動することが課題解決につながるということである。

第二は課題把握とその解決のための方法となるインタビュー法がある。「現場生成型研究」では徹底した現場把握が必要だが、それは単なる客観的な把握ではない。量的に示せるものだけではなく、その質や変化を含めて総合的に把握していくということが重要である。例えば、子どもを理解するときに、子どもの行動を「問題」として把握するのではなく、その行動の背景を含めて子どもを「理解する」ことが必要であり、子どもにとっての具体的意味を文脈に即してとらえるようにすることであり、そのために「相互行為としてのインタビュー」法が有効である。インタビューは、ともすると「回答者の内面にすでに存在する『正答』を、いかに損なうことなく取り出せるか」が重要視されるが、「相互行為としてのインタビュー」は、「インタビューの語り（回答）は聞き手と語り手の相互行為のなかで不断に形成されていくものであり、語り手、インタビュアーはともに語りの共同制作者として、アクティブにその過程に参加する存在」というようにとらえられる。[10] こうしたインタビューでは、「『創発的な出来事としての適切性』が重要」であり、このためには、「対話の進行の適切さ」が求められ、インタビューは、「調査者と対象者とのリアリティ制作の過程として、『発展する筋を持った対人ドラマ』」という特徴を持つという。[11] 「現場生成型研究」に引きつけるならば、「相互作用的なインタビュー」により、問題発見から課題の解決に向けてのストーリーを、研究者も実践に関わり一緒につくりあげていくことであり、そのストーリーをもとに課題解決に向けて実践を展開していくことである。参加者もまたこうした実践のストーリーを共有することで課題解決に向けた実践が可能になる。

第三は実践の改革を視野に入れた方法であり、メーヤーが提唱するアクションリサーチが示唆的である。これは医療の世界で、現実の問題を解決することを目指し、治療という実践への参加とその後の展開をとおして現場で業務に携わっている人たちに力をつけるための方法であり、次のようなプロセスを辿る。一つ目は「参加」であり、対話を核にし、研究者も一員として現場の活動を促進する役を担う。二つ目は「民主性」であり、「すべての参加者の能力向上をめざす」「多職種からなるチームとして協力し合う」。三つ目は「社会科学と社会変革への貢献」であり、「得られた知見は現場の実務担当者に持続的にフィードバックされ、変化を促す」「発見したことを地域や全国に普及させる」。四つ目は「省察による改善と行動」であり、「患者のケア計画の改善」「新たな報告システムなどの業務の再構築」「多職種間のコミュニケーション」「非医療者のケアへの参加」などがあげられている[12]。この方法は、実践に内在的に関与し、参加者同士の対話をとおして相互に力をつけること、参加者が相互に関わりを持ち、協力しつつ、多様な方法で課題を見いだし、その解決方法を協同でつくりあげること、その解決方法を実際の場に適用し、改善・改革を図ること、そしてそこから新たなシステムの構築を図ることということように循環的なプロセスを辿る。

こうしたアクションリサーチの過程では省察が重視される。ショーンは、省察を、実践の場において課題を所与のものとみなし解決を目指そうとするのではなく、不確実性のなかで課題を見いだすこと、そして実践知を用いながら状況に対応していくことであると定義する。具体的には、自らの行為の途中（「行為の中の省察」）と行為後（「行為についての省察」）に、自分の思考や状況理解を振り返り、描写し、吟味して再構成するプロセスのことであり、問題解決の形態や理論構築、問題の再解釈という形態をとることもある。しかも、困難な状況の解決にあたり、「状況と会話すること」、あるいは、「状況との省察的な会話」を行い、状況からの「語り返し」に応答し耳を傾けることで、新たな発見と活動を導くようにする方法が重視されている[13]。

外国人の多い学校の実践への参加をとおして、省察の有効性を実感したことがある。教師同士（私も含めた）の話し合いから、外国人の子どもの問題について話し合いをとおして全員で共有し、そこから実践的な課題を明確にしていった。それは、特定の子どもだけに限定するのではなく、学校全体の実践課題に関わるものであった。外国人の子どもの学習支援を、子どもの多様性を活かした授業づくりへと視点を広げ、日常的に教育の内容・方法の改善が試みられるようになった。子どもたちの交友関係のトラブルも多くあったが、関係性を組みかえることでそれが解消していく例もみられた。子どもたちには、言葉の壁もあり子ども同士のトラブルがたえない。こうした子どもたちを「問題」として排除したり、同化を強いたりするのではなく、子どもたちの関係に焦点をあてて理解しようとしたのである。毎月行われる研究授業では、学級に学習支援のボランティアや他の教師も入りこみ見取りを行い、放課後にそれについての話し合いが行われる。そのなかで「問題」があるととらえられていた子どもの別の面がみえてくることがある。他の子どもの邪魔をしているようにみえる行動が実は「わかった」ことを表現するためだったこと、遊んでいるようにみえた子どもが同じ母語の子どもと相談していたことなどが報告される。協同での振り返りにより、子どもの多様な面がみえるようになり、そのことで教師の対応が変化し、子どもたちにも新しい関係がつくられるようになっていく。学校のルールに馴染まない行動を「問題」として処理するのではなく、その行動の背後にある意味を教師同士の話し合いをとおして探ることで、子どもの多様な姿が把握できるようになったのである。その結果、教師と子ども、子ども同士の関係も変化し、学級内に新しい関係性がつくられるようになる。

第四は記述という方法である。「現場生成型研究」は、実践の場で自分がどう関わり、どう行動したか、その結果、他の人にどのような影響を与え、その場がどのように変化したかを記述し、さらに全体の課題解決に向けた活動についても記述していくことになる。ショーンは、記述について、「探求者に批判的で、彼の直感的な理解を再構築し、状況を改善し、問題を再び意味づけるのに手がかりを与えるような新しい行為を産み出していく」ことであると述べているが、[14]記述が省察の有効な方法であることがわかる。「現場生成型研究」では、実践の過程を記述しそこから参加者が協同で問題を見いだしたり、課題解決につなげたりするような記録が重要になる。これは、研究者として研究的な営みをする上でも重要である。研究者として記述するという行為は、一参加者として実践の過程を記録し、そこから省察によって次の課題を提示するということである。研究者として記述した内容は、参加者にとって妥当なものでなければならないが、そのためには内容を参加者に戻し、その内容を再構成するといった相互の関わりが重要になる。実践者にとってもこの記述するという作業は、自らの実践を探求的に振り返り、問題を見いだし、その問題を解決するための課題を把握する上で重要になる。庄井は「通時的時間の様態でよりわけられ、整序された客観的事物の流れに、固有名を持つ発達主体の主観的時間を多元的に織り込み、それを物語論的方法から配列し直す」記述が必要なことを指摘している。[15]「現場生成型研究」では、実践活動のプロセスとそこでおきた事象を記述するなかに、参加者（研究者を含む）自身の問題把握、立ち位置、実践への関与、そして他の参加者との相互作用をとおして、自己の変化と他者の変化を織り込みながら、その相互の関わりを再配置して、全体の物語をつくっていくことが重要になる。この物語の共同制作の方法が「現場生成型研究」における記述ということである。

5.「現場生成型」研究の課題

こうした「現場生成型研究」の重要性を再認識したのは東日本大震災だった。この震災は、日本の社会のあり方のみならず、学問や研究に対して厳しい問い直しを迫るものになった。不確実性が増すなかで、マニュアル主義や過剰な経験主義や情緒主義に傾斜しがちになり、「学問や研究への不信」もみられるようになっている。こうした状況にあって、異文化間教育は、実践を改革するための調査研究を行い、新しい社会づくりに貢献することを目指す必要があることを実感した。

ただ、「現場生成型研究」を進めていくにはまだ課題も多い。そこで、最後に今後の課題について検討してみたい。第一は「現場生成型研究」の事例を集積し、そこからこの研究独自の理論的枠組みや方法論を明確にしていくということである。私たちが「現場生成型研究」を提案したのは、まちづくりや外国人の子どもの学習支援の実践をもとにしたものであった。工藤は、異文化間教育の実践的な研究をレビューするなかで「現場生成型研究」の例として国際会議による日韓の教師交流、ヒューマンライブラリー、そして外国人母親による「料理交流会」

をとおしたネットワーク形成などをあげている。[16] この他にも「現場生成型研究」と親近性のある研究は行われている。こうした成果から、「現場生成型研究」に共通の理論的枠組みや方法論を導き出す必要がある。研究を進めるにあたっての理論背景は、社会的構成主義、エスノメソドロジー、社会・文化的発達理論などである。４章で示したように、外国人の子どもの教育にあたる教師の公正さを問題にし、そのズレを意識し、公の場にさらすことで新たな公正さの基準をつくる実践の研究では、そのプロセスを構成主義的な枠組みでとらえ、個々の教師の公正概念から新たな共通の公正概念がどのように形成されていくかをみている。また、「外国人の子ども」を教育するにあたり、教師たちがどのようにして日常生活の自明性を獲得するようになるのかの研究では、エスノメソドロジーが有効になる。実際は、一つの理論的枠組みではなく、複数の枠組みを使うことになるが、「現場生成型研究」ではどのような枠組みが有効かを示す必要がある。

第二は「現場生成型研究」の重要な方法である省察の精緻化である。「現場生成型研究」は、実践に関与し、そこでの課題を解決する過程だが、そこでは省察が重要になることはすでに指摘したとおりである。省察には、科学的な知識や合理的な技術のみではなく、実践知が重要になるが、実践知をいかに言語化し、協同の省察を可能にするかが省察の質を高めることになる。また、省察から実践につなぐ省察的実践の道筋を明確にしていくことも課題である。

省察的実践の例を学校で外国人の子どもの学習支援に関わるボランティアの活動から考えてみよう。学習支援ボランティアは、外国人の子どもの学習支援だけでなく、子どもたちや保護者と日常的な関わりを持ち、さまざまな相談にも応じている。このようなボランティアは、学校の教師とは一線を画している。ボランティアの人たちは子どもにとっては親近感があり、接しやすい存在である。また、母語が理解できるボランティアであれば子どもの保護者とも連絡がとりやすい。こうしたボランティアは、学校、教師と子どもとの間に立つことが多く、学校や教師の子どもや保護者の情報を提供するような役割を担う。学校や教師と外国人の子どもと保護者との間に介在し、双方をつなぐ存在になりうる。このようにボランティアが子どもと教師との関わりをとらえ直し、双方の関係を調整するには、自分の行為の省察が不可欠である。実践を進めていく上でのフェーズやプロセスにおける省察の視点や方法を明確にすることでそうした役割を担うことができるようになる。

第三は個人の省察を社会の変革に向けた実践へといかに結びつけるかである。この点について、メジローの変容的学習（transformative learning）が示唆的である。学習者の見方や考え方はその社会的・文化的背景によって大きく規定されるが、それまでの経験を批判的に振り返る（「批判的省察」）ことで、新たな見方で物事をとらえられるようになるという。学習目標として、個人の変容と社会の変化をあげており、個人の変容によって「文化的な変化（cultural change）、つまり、支配的な文化的パラダイム、もしくは集合的な準拠枠を変容させること」が可能であるという。[17] この「批判的省察」の方法を具体の実践に即して提案していくことである。異文化間教育の研究は、個人の適応、アイデンティティの研究が多かったが、本書でもみてきたように、それらは社会との関わりでとらえる必要がある。学校の実践を変えようにも、教師個人の努力のみに求めたのでは、何ら問題の解決にならない。教師や学校の実践の背後にある制度などを視野に入れる必要がある。そのためにも「現場生成型研究」の各フェーズやプロセスでの課題を明確にしていくことが必要である。

実践を志向する異文化間教育研究では、実践への関与や実践を変革するための研究のあり方も問われるようになっている。齋藤らは、「実践・現場を成長・変革するための知の創造」には、「自己の思考様式への批判的な介入のみならず、実践の行為主体のまなざしを編み込みながら実践を語ることが不可欠である」と指摘している。そして、「実践への協働的参与者各々の研究的知見、あるいは実践認識を揺るがし、それらの相互作用によって知の再編が起きる場を創り出すことが、異文化間教育学には求められる」という。[18]これを実現するには、「現場生成型研究」のいわゆる「good practice」を取り上げ、その実践を詳細に分析するような「実践のメタ実践」[19]の研究が必要であり、そこから新たな研究の方向性を明確にすることが課題である。

注

（１）新原道信（２００１）「〝内なる異文化〟への臨床社会学」野口裕二他編『臨床社会学の実践』有斐閣、２５８～２５９頁

（２）庄井良信（２００２ａ）「臨床教育学の〈細胞運動〉」日本教育学会編『教育学研究』第69巻第４号、日本教育学会、５頁

（3）志水宏吉（2010）『学校にできること』角川学芸出版、72～73頁
（4）酒井朗（2004）「教育臨床の社会学」日本教育社会学会編『教育社会学研究』第74集、東洋館出版、13～14頁
（5）庄井良信（2002b）「臨床教育学の研究方法論・探訪」小林剛他編『臨床教育学序説』柏書房、10頁
（6）紅林伸幸（2004）「教師支援における『臨床的な教育社会学』の有効性」日本教育社会学会編『教育社会学研究』第74集、東洋館出版、72頁
（7）佐藤郡衛・横田雅弘・吉谷武志（2006）「異文化間教育学における実践性」異文化間教育学会編『異文化間教育』23号、異文化間教育学会
（8）佐藤郡衛・横田雅弘・坪井健編著（2016）『異文化間教育のフロンティア』明石書店
（9）ホワイト、エプストン（小森康永訳）（1992）『物語としての家族』金剛出版
（10）倉石一郎（2016）「インタビュー」佐藤郡衛・横田雅弘・坪井健編著『異文化間教育のフロンティア』明石書店、58～59頁
（11）古賀正義（2004）「構築主義的エスノグラフィによる学校臨床研究の可能性」日本教育社会学会編『教育社会学研究』第74集、東洋館出版、46～48頁
（12）ジュリアン・メーヤー（2001）「アクションリサーチで質的方法を使う」キャサリン・ポープ他編（大滝純司訳）『質的研究実践ガイド』医学書院、62～73頁
（13）ドナルド・ショーン（柳沢昌一・三輪健二監訳）（2007）『省察的実践とは何か』鳳書房、50～72頁
（14）ドナルド・ショーン、前掲書、296頁
（15）庄井良信（2002b）、前掲書74頁
（16）工藤和宏（2016）「異文化間教育学における実践的手法」佐藤郡衛・横田雅弘・坪井健編著『異文化間教育のフロンティア』明石書店、107～108頁
（17）Mezirow. J.（1998）"Transformative Learning and Social Action: A Response to Inglis", *Adult Education*

Quarterly. 49(1), p.71.

（18）齋藤ひろみ・佐藤郡衛・野山広・浜田麻里・見世千賀子・南浦涼介（２０１５）「実践をまなざし、現場を動かす異文化間教育学とは？」異文化間教育学会編『異文化間教育』41号、異文化間教育学会、1～15頁

（19）工藤和宏、前掲論文、１１２頁

〈著者略歴〉
佐藤郡衛（さとう　ぐんえい）
東京学芸大学教授、東京学芸大学理事・副学長、目白大学学長、明治大学特任教授などを経て、現在、東京学芸大学名誉教授、目白大学名誉教授。2020年4月より国際交流基金日本語国際センター所長。専門は異文化間教育学／博士（教育学）。
［主な著書］
『子どもの日本語教育を問い直す――外国につながる子どもたちの学びを支えるために』（共著、明石書店、2024年）
『海外で学ぶ子どもの教育』（共著、明石書店、2020年）
『聞いてみました！日本にくらす外国人（全5巻）』（監修、ポプラ社、2018年）
『異文化間教育のフロンティア』（共編著、明石書店、2016年）

多文化社会に生きる子どもの教育
――外国人の子ども、海外で学ぶ子どもの現状と課題

2019年9月15日　初版第1刷発行
2024年7月31日　初版第3刷発行

著　者　佐　藤　郡　衛
発行者　大　江　道　雅
発行所　株式会社明石書店
〒101-0021 東京都千代田区外神田6-9-5
電　話　03（5818）1171
ＦＡＸ　03（5818）1174
振　替　00100-7-24505
https://www.akashi.co.jp
装丁　明石書店デザイン室
印刷・製本　モリモト印刷株式会社

ISBN978-4-7503-4887-2
（定価はカバーに表示してあります）

子どもの日本語教育を問い直す

外国につながる子どもたちの学びを支えるために

佐藤郡衛、菅原雅枝、小林聡子［著］

◎四六判／並製／184頁　◎2,300円

30年以上にわたる教育現場での実践や自治体での取り組みを多角的に捉え直すと同時に、そこにある「ことば観」の問い直しを通して、外国につながる子どもの多様な成長・発達を支え、生活と未来を切り拓くための日本語教育について提言する。

《内容構成》

〈価格は本体価格です〉